THÉATRE CLASSIQUE

DES FRANÇAIS.

TOME XXII.

THÉATRE

CHOISI

DE VOLTAIRE.

TOME SIXIÈME.

THÉATRE
CHOISI
DE VOLTAIRE.

TOME SIXIÈME.

PARIS,

CHEZ TREUTTEL ET WÜRTZ, RUE DE LILLE, N° 17;

ET MÊME MAISON DE COMMERCE,

A STRASBOURG, GRAND'RUE, N° 15. — LONDRES, 30, SOHO-SQUARE.

1831.

L'INDISCRET,

COMÉDIE

Représentée, pour la première fois, le 18 du mois d'auguste 1725.

AVERTISSEMENT.

L'Indiscret joué en 1725, et repris quarante ans après, eut plusieurs représentations. Cette pièce, bien pensée et bien écrite, laisse sans doute à desirer du côté de l'action dont l'intrigue consiste dans une scène de brouillerie, et dont le sujet est borné comme le caractère du rôle principal. Mais quelques scènes dignes d'être louées, et principalement celle d'*Euphémie* mère de *Damis,* doivent faire admettre, dans cette collection, la première production de ce genre, d'un écrivain, qui annonçait autant de raison que d'esprit et de goût.

A MADAME
LA MARQUISE DE PRIE.

Vous qui possédez la beauté,
Sans être vaine ni coquette,
Et l'extrême vivacité,
Sans être jamais indiscrète;
Vous, à qui donnèrent les Dieux
Tant de lumières naturelles,
Un esprit juste, gracieux,
Solide dans le sérieux,
Et charmant dans les bagatelles;
Souffrez qu'on présente à vos yeux
L'aventure d'un téméraire
Qui, pour s'être vanté de plaire,
Perdit ce qu'il aimait le mieux.

Si l'héroïne de la pièce,
DE PRIE, eût eu votre beauté,
On excuserait la faiblesse
Qu'il eut de s'être un peu vanté.
Quel amant ne serait tenté
De parler de telle maîtresse,
Par un excès de vanité,
Ou par un excès de tendresse!

PERSONNAGES.

EUPHÉMIE.
DAMIS.
HORTENSE.
TRASIMON.
CLITANDRE.
NÉRINE.
PASQUIN.
Plusieurs laquais de Damis.

L'INDISCRET,
COMÉDIE.

SCÈNE I.

EUPHÉMIE, DAMIS.

EUPHÉMIE.

N'ATTENDEZ pas, mon fils, qu'avec un ton sévère
Je déploie à vos yeux l'autorité de mère.
Toujours prête à me rendre à vos justes raisons,
Je vous donne un conseil, et non pas des leçons.
C'est mon cœur qui vous parle; et mon expérience
Fait que ce cœur pour vous se trouble par avance.
Depuis deux mois au plus vous êtes à la cour :
Vous ne connaissez pas ce dangereux séjour.
Sur un nouveau-venu le courtisan perfide
Avec malignité jette un regard avide,
Pénètre ses défauts, et, dès le premier jour,
Sans pitié le condamne, et même sans retour.
Craignez de ces messieurs la malice profonde.
Le premier pas, mon fils, que l'on fait dans le monde
Est celui dont dépend le reste de nos jours :
Ridicule une fois, on vous le croit toujours;
L'impression demeure. En vain, croissant en âge,
On change de conduite, on prend un air plus sage.
On souffre encor long-temps de ce vieux préjugé :
On est suspect encor, lorsqu'on est corrigé;

Et j'ai vu quelquefois payer dans la vieillesse
Le tribut des défauts qu'on eut dans la jeunesse.
Connaissez donc le monde; et songez qu'aujourd'hui
Il faut que vous viviez pour vous moins que pour lui.

DAMIS.

Je ne sais où peut tendre un si long préambule.

EUPHÉMIE.

Je vois qu'il vous paraît injuste et ridicule.
Vous méprisez des soins pour vous bien importants;
Vous m'en croirez un jour, il n'en sera plus temps.
Vous êtes indiscret : ma trop longue indulgence
Pardonna ce défaut au feu de votre enfance;
Dans un âge plus mûr il cause ma frayeur.
Vous avez des talents, de l'esprit et du cœur;
Mais croyez qu'en ce lieu tout rempli d'injustices
Il n'est point de vertu qui rachète les vices;
Qu'on cite nos défauts en toute occasion,
Que le pire de tous est l'indiscrétion;
Et qu'à la cour, mon fils, l'art le plus nécessaire
N'est pas de bien parler, mais de savoir se taire.
Ce n'est pas en ce lieu que la société
Permet ces entretiens remplis de liberté :
Le plus souvent ici l'on parle sans rien dire;
Et les plus ennuyeux savent s'y mieux conduire *.
Je connais cette cour : on peut fort la blâmer;
Mais lorsqu'on y demeure, il faut s'y conformer.
Pour les femmes surtout plein d'un égard extrême,
Parlez-en rarement, encor moins de vous-même.

---

* Il faudrait, pour l'exactitude ; *savent s'y conduire le mieux.*

SCÈNE I.

Paraissez ignorer ce qu'on fait, ce qu'on dit;
Cachez vos sentiments, et même votre esprit;
Surtout de vos secrets soyez toujours le maître :
Qui dit celui d'autrui, doit passer pour un traître;
Qui dit le sien, mon fils, passe ici pour un sot :
Qu'avez-vous à répondre à cela?

DAMIS.

                              Pas le mot.
Je suis de votre avis : je hais le caractère
De quiconque n'a pas le pouvoir de se taire;
Ce n'est pas là mon vice, et loin d'être entiché
Du défaut qui par vous m'est ici reproché,
Je vous avoue enfin, Madame, en confidence,
Qu'avec vous trop long-temps j'ai gardé le silence
Sur un fait dont pourtant j'aurais dû vous parler :
Mais souvent dans la vie il faut dissimuler.
Je suis amant aimé d'une veuve adorable,
Jeune, charmante, riche, aussi sage qu'aimable;
C'est Hortense. A ce nom, jugez de mon bonheur;
Jugez, s'il était su, de la vive douleur
De tous nos courtisans qui soupirent pour elle.
Nous leur cachons à tous notre ardeur mutuelle.
L'amour depuis deux jours a serré ce lien,
Depuis deux jours entiers; et vous n'en savez rien.

EUPHÉMIE.

Mais j'étais à Paris depuis deux jours.

DAMIS.

                                    Madame,
On n'a jamais brûlé d'une si belle flamme.
Plus l'aveu vous en plaît, plus mon cœur est content;
Et mon bonheur s'augmente en vous le racontant.

EUPHÉMIE.

Je suis sûre, Damis, que cette confidence
Vient de votre amitié, non de votre imprudence.

DAMIS.

En doutez-vous?

EUPHÉMIE.

Eh, eh!... mais enfin, entre nous,
Songez au vrai bonheur qui vient s'offrir à vous :
Hortense a des appas; mais, de plus, cette Hortense
Est le meilleur parti qui soit pour vous en France.

DAMIS.

Je le sais.

EUPHÉMIE.

D'elle seule elle reçoit des lois;
Et le don de sa main dépendra de son choix.

DAMIS.

Et tant mieux.

EUPHÉMIE.

Vous saurez flatter son caractère,
Ménager son esprit.

DAMIS.

Je fais mieux; je sais plaire.

EUPHÉMIE.

C'est bien dit; mais, Damis, elle fuit les éclats,
Et les airs trop bruyants ne l'accommodent pas.
Elle peut, comme une autre, avoir quelque faiblesse;
Mais jusque dans ses goûts elle a de la sagesse,
Craint surtout de se voir en spectacle à la cour,
Et d'être le sujet de l'histoire du jour.
Le secret, le mystère est tout ce qui la flatte.

SCÈNE I.

DAMIS.

Il faudra bien pourtant qu'enfin la chose éclate.

EUPHÉMIE.

Mais près d'elle, en un mot, quel sort vous a produit?
Nul jeune homme jamais n'est chez elle introduit;
Elle fuit avec soin, en personne prudente,
De nos jeunes seigneurs la cohue éclatante.

DAMIS.

Ma foi! chez elle encor je ne suis point reçu;
Je l'ai long-temps lorgnée, et grâce au ciel, j'ai plu.
D'abord elle rendit mes billets sans les lire;
Bientôt elle les lut, et daigne enfin m'écrire.
Depuis près de deux jours je goûte un doux espoir,
Et je dois, en un mot, l'entretenir ce soir.

EUPHÉMIE.

Eh bien! je veux aussi l'aller trouver moi-même.
La mère d'un amant qui nous plaît, qui nous aime,
Est toujours, que je crois, reçue avec plaisir.
De vous adroitement je veux l'entretenir,
Et disposer son cœur à presser l'hyménée
Qui fera le bonheur de votre destinée.
Obtenez au plus tôt et sa main et sa foi :
Je vous y servirai; mais n'en parlez qu'à moi.

DAMIS.

Non, il n'est point ailleurs, Madame, je vous jure,
Une mère plus tendre, une amitié plus pure :
A vous plaire à jamais je borne tous mes vœux.

EUPHÉMIE.

Soyez heureux, mon fils; c'est tout ce que je veux.

SCÈNE II.

DAMIS, seul.

Ma mère n'a point tort; je sais bien qu'en ce monde
Il faut pour réussir une adresse profonde.
Hors dix ou douze amis, à qui je puis parler,
Avec toute la cour je vais dissimuler.
Çà, pour mieux essayer cette prudence extrême,
De nos secrets ici ne parlons qu'à nous-même.
Examinons un peu sans témoins, sans jaloux,
Tout ce que la fortune a prodigué pour nous.
Je hais la vanité; mais ce n'est point un vice
De savoir se connaître et se rendre justice.
On n'est pas sans esprit, on plaît; on a, je croi,
Aux petits cabinets l'air de l'ami du roi.
Il faut bien s'avouer que l'on est fait à peindre;
On danse, on chante, on boit, on sait parler et feindre*.
Colonel à treize ans, je pense avec raison
Que l'on peut à trente ans m'honorer d'un bâton.
Heureux en ce moment, heureux en espérance,
Je garderai Julie, et vais avoir Hortense.
Possesseur une fois de toutes ses beautés,
Je lui ferai par jour vingt infidélités,
Mais sans troubler en rien la douceur du ménage,

---

* Var. des quatre vers précédents :

Je ne suis pas trop vain; mais, entre nous, je croi
Avoir tout-à-fait l'air d'un favori du roi.
Je suis jeune, assez beau, vif, galant, fait à peindre;
Je sais plaire au beau sexe, et surtout je sais feindre.

Sans être soupçonné, sans paraître volage;
Et mangeant en six mois la moitié de son bien,
J'aurai toute la cour, sans qu'on en sache rien.

SCÈNE III.

DAMIS, TRASIMON,

DAMIS.

Hé! bonjour, commandeur.

TRASIMON.

Aîe! ouf! on m'estropie...

DAMIS.

Embrassons-nous encor, commandeur, je te prie.

TRASIMON.

Souffrez...

DAMIS.

Que je t'étouffe une troisième fois.

TRASIMON.

Mais quoi?

DAMIS.

Déride un peu ce renfrogné minois;
Réjouis-toi, je suis le plus heureux des hommes.

TRASIMON.

Je venais pour vous dire...

DAMIS.

Oh! parbleu, tu m'assommes,
Avec ce front glacé que tu portes ici.

TRASIMON.

Mais je ne prétends pas vous réjouir aussi.
Vous avez sur les bras une fâcheuse affaire.

DAMIS.
Eh, eh! pas si fâcheuse.
TRASIMON.
Erminie et Valère
Contre vous en ces lieux déclament hautement :
Vous avez parlé d'eux un peu légèrement;
Et même depuis peu le vieux seigneur Horace
M'a prié...
DAMIS.
Voilà bien de quoi je m'embarrasse!
Horace est un vieux fou, plutôt qu'un vieux seigneur
Tout chamarré d'orgueil, pétri d'un faux honneur,
Assez bas à la cour, important à la ville,
Et non moins ignorant qu'il veut paraître habile.
Pour madame Erminie, on sait assez comment
Je l'ai prise et quittée un peu trop brusquement.
Qu'elle est aigre Erminie, et qu'elle est tracassière!
Pour son petit amant, mon cher ami Valère,
Tu le connais un peu, parle : as-tu jamais vu
Un esprit plus guindé, plus gauche, plus tortu?...
A propos, on m'a dit, hier en confidence,
Que son grand frère aîné, cet homme d'importance,
Est reçu chez Clarisse avec quelque faveur;
Que la grosse comtesse en crève de douleur
Et toi, vieux commandeur, comment va la tendresse?
TRASIMON.
Vous savez que le sexe assez peu m'intéresse.
DAMIS.
Je ne suis pas de même; et le sexe, ma foi,
A la ville, à la cour, me donne assez d'emploi.

SCÈNE III.

Ecoute, il faut ici que mon cœur te confie
Un secret dont dépend le bonheur de ma vie.

TRASIMON.

Puis-je vous y servir ?

DAMIS.

    Toi ? point du tout.

THASIMON.

                     Eh bien !
Damis, s'il est ainsi, ne m'en dites donc rien.

DAMIS.

Le droit de l'amitié...

TRASIMON.

        C'est cette amitié même
Qui me fait éviter, avec un soin extrême,
Le fardeau d'un secret au hasard confié,
Qu'on me dit par faiblesse, et non par amitié ;
Dont tout autre que moi serait dépositaire ;
Qui de mille soupçons est la source ordinaire,
Et qui peut nous combler de honte et de dépit,
Moi d'en avoir trop su, vous d'en avoir trop dit.

DAMIS.

Malgré toi, commandeur, quoi que tu puisses dire,
Pour te faire plaisir, je veux du moins te lire
Le billet qu'aujourd'hui...

TRASIMON.

          Par quel empressement...

DAMIS.

Ah ! tu le trouveras écrit bien tendrement.

TRASIMON.

Puisque vous le voulez enfin...

DAMIS.

C'est l'amour même,
Ma foi, qui l'a dicté. Tu verras comme on m'aime.
La main qui me l'écrit le rend d'un prix... vois-tu...
Mais d'un prix... Eh! morbleu, je crois l'avoir perdu.
Je ne le trouve point... Holà, la Fleur, la Brie!

SCÈNE IV.

DAMIS, TRASIMON, PLUSIEURS LAQUAIS.

UN LAQUAIS.

Monseigneur?

DAMIS.

Remontez vite à la galerie;
Retournez chez tous ceux que j'ai vus ce matin :
Allez chez ce vieux duc... Ah! je le trouve enfin;
Ces marauds l'ont mis là par pure étourderie.

(*A ses gens.*)

Laissez-nous. Commandeur, écoute, je te prie.

SCÈNE V.

DAMIS, TRASIMON, CLITANDRE, PASQUIN.

CLITANDRE, *à Pasquin, tenant un billet à la main.*
Oui, tout le long du jour demeure en ce jardin;
Observe tout, vois tout, redis-moi tout, Pasquin;
Rends-moi compte, en un mot, de tous les pas d'Hortense.
Ah! je saurai...

SCÈNE VI.

DAMIS, TRASIMON, CLITANDRE.

DAMIS.

Voici le marquis qui s'avance.
Bonjour, marquis.

CLITANDRE, *un billet à la main.*

Bonjour.

DAMIS.

Qu'as-tu donc aujourd'hui?
Sur ton front à longs traits qui diable a peint l'ennui?
Tout le monde m'aborde avec un air si morne,
Que je crois...

CLITANDRE, *bas.*

Ma douleur, hélas! n'a point de borne.

DAMIS.

Que marmottes-tu là?

CLITANDRE, *bas.*

Que je suis malheureux!

DAMIS.

Çà, pour vous égayer, pour vous plaire à tous deux,
Le marquis entendra le billet de ma belle.

CLITANDRE, *bas, en regardant le billet qu'il a entre
les mains.*

Quel congé! quelle lettre! Hortense... Ah, la cruelle!

DAMIS, *à Clitandre.*

C'est un billet à faire expirer un jaloux.

CLITANDRE.

Si vous êtes aimé, que votre sort est doux!

DAMIS.

Il le faut avouer, les femmes de la ville,
Ma foi, ne savent point écrire de ce style.
(Il lit.)
« Enfin je cède aux feux dont mon cœur est épris :
« Je voulais le cacher; mais j'aime à vous le dire.
« Eh! pourquoi ne vous point écrire
« Ce que cent fois mes yeux vous ont sans doute appris?
« Oui, mon cher Damis, je vous aime,
« D'autant plus que mon cœur, peu propre à s'enflammer,
« Craignant votre jeunesse, et se craignant lui-même,
« A fait ce qu'il a pu pour ne vous point aimer.
« Puissé-je, après l'aveu d'une telle faiblesse,
« Ne me la jamais reprocher!
« Plus je vous montre ma tendresse,
« Et plus à tous les yeux vous devez la cacher. »

TRASIMON.

Vous prenez très-grand soin d'obéir à la dame,
Sans doute, et vous brûlez d'une discrète flamme.

CLITANDRE.

Heureux qui, d'une femme adorant les appas,
Reçoit de tels billets, et ne les montre pas!

DAMIS.

Vous trouvez donc la lettre...

TRASIMON.

    Un peu forte.

CLITANDRE.

        Adorable.

DAMIS.

Celle qui me l'écrit, est cent fois plus aimable.

SCÈNE VI.

Que vous seriez charmé, si vous saviez son nom!
Mais dans ce monde il faut de la discrétion.

TRASIMON.

Oh! nous n'exigeons point de telle confidence.

CLITANDRE.

Damis, nous nous aimons; mais c'est avec prudence.

TRASIMON.

Loin de vouloir ici vous forcer de parler...

DAMIS.

Non, je vous aime trop pour rien dissimuler.
Je vois que vous pensez, et la cour le publie,
Que je n'ai d'autre affaire ici qu'avec Julie.

CLITANDRE.

On le dit d'après vous : mais nous n'en croyons rien.

DAMIS.

Oh! crois... jusqu'à présent la chose allait fort bien;
Nous nous étions aimés, quittés, repris encore :
On en parle partout.

TRASIMON.

Non, tout cela s'ignore.

DAMIS.

Tu crois qu'à cet oison je suis fort attaché;
Mais, par ma foi, j'en suis très-faiblement touché.

TRASIMON.

Ou fort, ou faiblement, il ne m'importe guère.

DAMIS.

La Julie est aimable, il est vrai, mais légère;
L'autre est ce qu'il me faut; et c'est solidement
Que je l'aime.

CLITANDRE.
Enfin donc cet objet si charmant...
DAMIS.
Vous m'y forcez : allons, il faut bien vous l'apprendre.
Regarde ce portrait, mon cher ami Clitandre.
Çà, dis-moi si jamais tu vis de tes deux yeux
Rien de plus adorable et de plus gracieux?
C'est Macé qui l'a peint,[*] c'est tout dire; et je pense
Que tu reconnaîtras...
CLITANDRE.
Juste ciel! c'est Hortense.
DAMIS.
Pourquoi t'en étonner?
TRASIMON.
Vous oubliez, Monsieur,
Qu'Hortense est ma cousine, et chérit son honneur;
Et qu'un pareil aveu...
DAMIS.
Vous nous la donnez bonne.
J'ai six cousines, moi, que je vous abandonne;
Et je vous les verrais lorgner, tromper, quitter,
Imprimer leurs billets, sans m'en inquiéter.
Il nous ferait beau voir, dans nos humeurs chagrines,
Prendre avec soin sur nous l'honneur de nos cousines!
Nous aurions trop à faire à la cour; et ma foi,
C'est assez que chacun réponde ici pour soi.
TRASIMON.
Mais Hortense, Monsieur...
DAMIS.
Eh bien! oui, je l'adore :

[*] Jean-Baptiste Macé, peintre du roi.

Elle n'aime que moi, je vous le dis encore;
Et je l'épouserai pour vous faire enrager.
CLITANDRE, à part.
Ah! plus cruellement pouvait-on m'outrager?
DAMIS.
Nos noces, croyez-moi, ne seront point secrètes,
Et vous n'en serez pas, tout cousin que vous êtes.
TRASIMON.
Adieu, monsieur Damis; on peut vous faire voir
Que sur une cousine on a quelque pouvoir.

SCÈNE VII.

DAMIS, CLITANDRE.

DAMIS.
Que je hais ce censeur, et son air pédantesque,
Et tous ces faux éclats de vertu romanesque!
Qu'il est sec! qu'il est brut! et qu'il est ennuyeux!
Mais tu vois ce portrait d'un œil bien curieux?
CLITANDRE, à part.
Comme ici de moi-même il faut que je sois maître!
Qu'il faut dissimuler!
DAMIS.
                 Tu remarques peut-être
Qu'au coin de cette boîte il manque un des brillants;
Mais tu sais que la chasse hier dura long-temps :
A tout moment on tombe, on se heurte, on s'accroche.
J'avais quatre portraits ballottés dans ma poche :
Celui-ci par malheur fut un peu maltraité;
La boîte s'est rompue, un brillant a sauté.

Parbleu, puisque demain tu t'en vas à la ville,
Passe chez la Frénaye; il est cher, mais habile :
Choisis comme pour toi l'un de ses diamants.
Je lui dois, entre nous, plus de vingt mille francs.
Adieu; ne montre au moins se portrait à personne.
CLITANDRE, à part.
Où suis-je !
DAMIS.
Adieu, marquis, à toi je m'abandonne :
Sois secret.
CLITANDRE, à part.
Se peut-il?...
DAMIS, revenant.
J'aime un ami prudent;
Va, de tous mes secrets tu seras confident.
Eh! peut-on posséder ce que le cœur desire,
Etre heureux, et n'avoir personne à qui le dire?
Peut-on garder pour soi, comme un dépôt sacré,
L'insipide plaisir d'un amour ignoré?
C'est n'avoir point d'amis qu'être sans confiance;
C'est n'être point heureux que de l'être en silence.
Tu n'as vu qu'un portrait, et qu'un seul billet-doux.
CLITANDRE.
Eh bien?
DAMIS.
L'on m'a donné, mon cher, un rendez-vous.
CLITANDRE, à part.
Ah! je frémis.
DAMIS.
Ce soir, pendant le bal qu'on donne,

SCÈNE VII.

Je dois, sans être vu ni suivi de personne,
Entretenir Hortense, ici, dans ce jardin.
CLITANDRE.
Voici le dernier coup; ah! je succombe enfin.
DAMIS.
Là, n'es-tu pas charmé de ma bonne fortune?
CLITANDRE.
Hortense doit vous voir?
DAMIS.
Oui, mon cher, sur la brune :
Mais le soleil qui baisse amène ces moments,
Ces moments fortunés, desirés si long-temps.
Adieu. Je vais chez toi rajuster ma parure,
De deux livres de poudre orner ma chevelure,
De cent parfums exquis mêler la douce odeur;
Puis paré, triomphant, tout plein de mon bonheur,
Je reviendrai soudain finir notre aventure.
Toi, rode près d'ici, marquis, je t'en conjure.
Pour te faire un peu part de ces plaisirs si doux,
Je te donne le soin d'écarter les jaloux.

SCÈNE VIII.

CLITANDRE, seul.

Ai-je assez retenu mon trouble et ma colère?
Hélas! après un an de mon amour sincère,
Hortense en ma faveur enfin s'attendrissait;
Las de me résister, son cœur s'amollissait.
Damis en un moment la voit, l'aime, et sait plaire :
Ce que n'ont pu deux ans, un moment l'a su faire.

On le prévient! On donne à ce jeune éventé
Ce portrait que ma flamme avait tant mérité!
Il reçoit une lettre... Ah! celle qui l'envoie,
Par un pareil billet, m'eût fait mourir de joie :
Et pour combler l'affront dont je suis outragé,
Ce matin par écrit j'ai reçu mon congé.
De cet écervelé la voilà donc coiffée!
Elle veut à mes yeux lui servir de trophée.
Hortense, ah! que mon cœur vous connaissait bien mal!

SCÈNE IX.

CLITANDRE, PASQUIN.

CLITANDRE.

Enfin, mon cher Pasquin, j'ai trouvé mon rival.

PASQUIN.

Hélas! Monsieur, tant pis.

CLITANDRE.

C'est Damis que l'on aime;
Oui, c'est cet étourdi.

PASQUIN.

Qui vous l'a dit?

CLITANDRE.

Lui-même.
L'indiscret, à mes yeux de trop d'orgueil enflé,
Vient se vanter à moi du bien qu'il m'a volé.
Vois ce portrait, Pasquin. C'est par vanité pure
Qu'il confie à mes mains cette aimable peinture;
C'est pour mieux triompher. Hortense, eh! qui l'eût cru
Que jamais près de vous Damis m'aurait perdu?

SCÈNE IX.

PASQUIN.

Damis est bien joli.

CLITANDRE, *prenant Pasquin à la gorge.*

Comment? tu prétends, traître,
Qu'un jeune fat...

PASQUIN.

Aïe! ouf! il est vrai que peut-être...
Eh! ne m'étranglez pas. Il n'a que du caquet...
Mais son air... entre nous, c'est un vrai freluquet.

CLITANDRE.

Tout freluquet qu'il est, c'est lui qu'on me préfère.
Il faut montrer ici ton adresse ordinaire.
Pasquin, pendant le bal que l'on donne ce soir,
Hortense et mon rival doivent ici se voir.
Console-moi, sers-moi; rompons cette partie.

PASQUIN.

Mais, Monsieur...

CLITANDRE.

Ton esprit est rempli d'industrie.
Tout est à toi. Voilà de l'or à pleines mains.
D'un rival imprudent dérangeons les desseins :
Tandis qu'il va parer sa petite personne,
Tâchons de lui voler les moments qu'on lui donne.
Puisqu'il est indiscret, il en faut profiter;
De ces lieux, en un mot, il le faut écarter.

PASQUIN.

Croyez-vous me charger d'une facile affaire :
J'arrêterais, Monsieur, le cours d'une rivière,
Un cerf dans une plaine, un oiseau dans les airs,
Un poète entêté qui récite ses vers,

Une plaideuse en feu qui crie à l'injustice,
Un Manceau tonsuré qui court un bénéfice,
La tempête, le vent, le tonnerre et ses coups,
Plutôt qu'un petit-maître allant en rendez-vous.

CLITANDRE.

Veux-tu m'abandonner à ma douleur extrême ?

PASQUIN.

Attendez. Il me vient en tête un stratagème.
Hortense ni Damis ne m'ont jamais vu ?

CLITANDRE.

Non.

PASQUIN.

Vous avez en vos mains un sien portrait ?

CLITANDRE.

Oui.

PASQUIN.

Bon.

Vous avez un billet que vous écrit la belle ?

CLITANDRE.

Hélas ! il est trop vrai.

PASQUIN.

Cette lettre cruelle
Est un ordre bien net de ne lui parler plus ?

CLITANDRE.

Eh ! oui, je le sais bien.

PASQUIN.

La lettre est sans dessus ?

CLITANDRE.

Eh ! oui, bourreau.

SCÈNE IX.

PASQUIN.

Prêtez vite et portrait et lettre.
Donnez.

CLITANDRE.

En d'autres mains, qui, moi, j'irais remettre
Un portrait confié?...

PASQUIN.

Voilà bien des façons :
Le scrupule est plaisant. Donnez-moi ces chiffons.

CLITANDRE.

Mais...

PASQUIN.

Mais reposez-vous de tout sur ma prudence.

CLITANDRE.

Tu veux...

PASQUIN.

Eh! dénichez. Voici madame Hortense.

SCÈNE X.

HORTENSE, NÉRINE.

HORTENSE.

Nérine, j'en conviens, Clitandre est vertueux ;
Je connais la constance et l'ardeur de ses feux :
Il est sage, discret, honnête homme, sincère.
Je le dois estimer; mais Damis sait me plaire.
Je sens trop, aux transports de mon cœur combattu,
Que l'amour n'est jamais le prix de la vertu.
C'est par les agréments que l'on touche une femme;
Et pour une de nous que l'amour prend par l'ame,

Nérine, il en est cent qu'il séduit par les yeux.
J'en rougis. Mais Damis ne vient point en ces lieux!
NÉRINE.
Quelle vivacité! quoi! cette humeur si fière...
HORTENSE.
Non, je ne devais pas arriver la première.
NÉRINE.
Au premier rendez-vous, vous avez du dépit?
HORTENSE.
Damis trop fortement occupe mon esprit.
Sa mère, ce jour même, a su, par sa visite,
De son fils dans mon cœur augmenter le mérite.
Je vois bien qu'elle veut avancer le moment
Où je dois pour époux accepter mon amant :
Mais je veux en secret lui parler à lui-même,
Sonder ses sentiments.
NÉRINE.
Doutez-vous qu'il vous aime?
HORTENSE.
Il m'aime, je le crois, je le sais; mais je veux
Mille fois de sa bouche entendre ses aveux,
Voir s'il est en effet si digne de me plaire,
Connaître son esprit, son cœur, son caractère;
Ne point céder, Nérine, à ma prévention,
Et juger, si je puis, de lui sans passion.

SCÈNE XI.

HORTENSE, NÉRINE, PASQUIN.

PASQUIN.

Madame, en grand secret, monsieur Damis mon maître...

HORTENSE.

Quoi! ne viendrait-il pas?

PASQUIN.

Non.

NÉRINE.

Ah! le petit traître!

HORTENSE.

Il ne viendra point?

PASQUIN.

Non; mais, par bon procédé,
Il vous rend ce portrait dont il est excédé.

HORTENSE.

Mon portrait!

PASQUIN.

Reprenez vite la miniature.

HORTENSE.

Je doute si je veille.

PASQUIN.

Allons, je vous conjure.
Dépêchez-moi, j'ai hâte, et de sa part ce soir
J'ai deux portraits à rendre, et deux à recevoir.
Jusqu'au revoir. Adieu.

HORTENSE.

Ciel! quelle perfidie!
J'en mourrai de douleur.

PASQUIN.
De plus, il vous supplie
De finir la lorgnade, et chercher aujourd'hui,
Avec vos airs pincés, d'autres dupes que lui.

SCÈNE XII[*].

HORTENSE, NÉRINE, DAMIS, PASQUIN.

DAMIS, *dans le fond du théâtre.*
Je verrai dans ce lieu la beauté qui m'engage.
PASQUIN.
C'est Damis. Je suis pris. Ne perdons point courage.
(*Il court à Damis, et le tire à part.*)
Vous voyez, Monseigneur, un des grisons secrets,
Qui d'Hortense partout va portant les poulets.
J'ai certain billet-doux de sa part à vous rendre.
HORTENSE.
Quel changement! quel prix de l'amour le plus tendre!
DAMIS.
Lisons.
(*Il lit.*)
Hom... hom... « Vous méritez de me charmer.
« Je sens à vos vertus ce que je dois d'estime;...
« Mais je ne saurais vous aimer. »
Est-il un trait plus noir et plus abominable?
Je ne me croyais pas à ce point estimable.
Je veux que tout ceci soit public à la cour;

---

[*] Cette scène de brouillerie est imitée de la *Mère coquette* de Quinault.

SCÈNE XII.

Et j'en informerai le monde dès ce jour.
La chose assurément vaut bien qu'on la publie.

HORTENSE, *à l'autre bout du théâtre.*

A-t-il pu jusque-là pousser son infamie?

DAMIS.

Tenez; c'est-là le cas qu'on fait de tels écrits.

(*Il déchire le billet.*)

PASQUIN, *allant à Hortense.*

Je suis honteux pour vous d'un si cruel mépris.
Madame, vous voyez de quel air il déchire
Les billets qu'à l'ingrat vous daignâtes écrire.

HORTENSE.

Il me rend mon portrait! Ah! périsse à jamais
Ce malheureux crayon de mes faibles attraits!

(*Elle jette son portrait.*)

PASQUIN, *revenant à Damis.*

Vous voyez : devant vous l'ingrate met en pièces
Votre portrait, Monsieur.

DAMIS.

Il est quelques maîtresses
Par qui l'original est un peu mieux reçu.

HORTENSE.

Nérine, quel amour mon cœur avait conçu!
(*à Pasquin.*)
Prends ma bourse. Dis-moi pour qui je suis trahie,
A quel heureux objet Damis me sacrifie.

PASQUIN.

A cinq ou six beautés, dont il se dit l'amant,
Qu'il sert toutes bien mal, qu'il trompe également,
Mais surtout à la jeune, à la belle Julie.

L'INDISCRET.

DAMIS, *s'étant avancé vers Pasquin.*

Prends ma bague, et dis-moi, mais sans friponnerie,
A quel impertinent, à quel fat de la cour,
Ta maîtresse aujourd'hui prodigue son amour.

PASQUIN.

Vous méritez, ma foi, d'avoir la préférence;
Mais un certain abbé lorgne de près Hortense;
Et chez elle, de nuit, par le mur du jardin,
Je fais entrer parfois Trasimon son cousin.

DAMIS.

Parbleu, j'en suis ravi. J'en apprends là de belles,
Et je veux en chansons mettre un peu ces nouvelles.

HORTENSE.

C'est le comble, Nérine, au malheur de mes feux,
De voir que tout ceci va faire un bruit affreux.
Allons, loin de l'ingrat je vais cacher mes larmes.

DAMIS.

Allons, je vais au bal montrer un peu mes charmes.

PASQUIN, *à Hortense.*

Vous n'avez rien, Madame, à desirer de moi?

(*A Damis.*)

Vous n'avez nul besoin de mon petit emploi?
Le ciel vous tienne en paix!

SCÈNE XIII.

HORTENSE, DAMIS, NÉRINE.

HORTENSE, *revenant.*

D'où vient que je demeure?

DAMIS.

Je devrais être au bal, et danser à cette heure.

SCÈNE XIII.

HORTENSE.

Il rêve. Hélas! d'Hortense il n'est point occupé.

DAMIS.

Elle me lorgne encore, ou je suis fort trompé.
Il faut que je m'approche.

HORTENSE.

Il faut que je le fuie.

DAMIS.

Fuir et me regarder! ah! quelle perfidie!
Arrêtez. A ce point pouvez-vous me trahir?

HORTENSE.

Laissez-moi m'efforcer, cruel, à vous haïr.

DAMIS.

Ah! l'effort n'est pas grand, grâces à vos caprices.

HORTENSE.

Je le veux, je le dois, grâce à vos injustices.

DAMIS.

Ainsi, du rendez-vous prompts à nous en aller,
Nous n'étions donc venus que pour nous quereller?

HORTENSE.

Que ce discours, ô Ciel! est plein de perfidie,
Alors que l'on m'outrage, et qu'on aime Julie!

DAMIS.

Mais l'indigne billet que de vous j'ai reçu?

HORTENSE.

Mais mon portrait enfin que vous m'avez rendu?

DAMIS.

Moi, je vous ai rendu votre portrait, cruelle?

HORTENSE.

Moi, j'aurais pu jamais vous écrire, infidèle,
Un billet, un seul mot qui ne fût point d'amour?

DAMIS.

Je consens de quitter le roi, toute la cour,
La faveur où je suis, les postes que j'espère,
N'être jamais de rien, cesser partout de plaire,
S'il est vrai qu'aujourd'hui je vous ai renvoyé
Ce portrait à mes mains par l'amour confié.

HORTENSE.

Je fais plus. Je consens de n'être point aimée
De l'amant dont mon ame est malgré moi charmée,
S'il a reçu de moi ce billet prétendu.
Mais voilà le portrait, ingrat, qui m'est rendu,
Ce prix trop méprisé d'une amitié trop tendre,
Le voilà : pouvez-vous...

DAMIS.

Ah! j'aperçois Clitandre.

SCÈNE XIV.

HORTENSE, DAMIS, CLITANDRE, NÉRINE, PASQUIN.

DAMIS.

Viens çà, marquis, viens çà. Pourquoi fuis-tu d'ici?
Madame, il peut d'un mot débrouiller tout ceci.

HORTENSE.

Quoi! Clitandre saurait...

DAMIS.

Ne craignez rien, Madame,
C'est un ami prudent, à qui j'ouvre mon ame :

Il est mon confident; qu'il soit le vôtre aussi.
Il faut...

HORTENSE.
Sortons, Nérine. O ciel! quel étourdi!

SCÈNE XV.

DAMIS, CLITANDRE, PASQUIN.

DAMIS.
Ah! marquis, je ressens la douleur la plus vive :
Il faut que je te parle... il faut que je la suive.
(*A Hortense.*)
Attends-moi. Demeurez. Ah! je suivrai vos pas.

SCÈNE XVI.

CLITANDRE, PASQUIN.

CLITANDRE.
Je suis, je l'avoûrai, dans un grand embarras.
Je les croyais tous deux brouillés sur ta parole.

PASQUIN.
Je le croyais aussi. J'ai bien joué mon rôle;
Ils se devraient haïr tous deux assurément :
Mais, pour se pardonner, il ne faut qu'un moment.

CLITANDRE.
Voyons un peu tous deux le chemin qu'ils vont prendre.

PASQUIN.
Vers son appartement Hortense va se rendre.

CLITANDRE.
Damis marche après elle; Hortense au moins le fuit.

PASQUIN.

Elle fuit faiblement, et son amant la suit.

CLITANDRE.

Damis en vain lui parle; on détourne la tête.

PASQUIN.

Il est vrai; mais Damis de temps en temps l'arrête.

CLITANDRE.

Il se met à genoux; il reçoit des mépris.

PASQUIN.

Ah! vous êtes perdu, l'on regarde Damis.

CLITANDRE.

Hortense entre chez elle enfin, et le renvoie.
Je sens des mouvements de chagrin et de joie,
D'espérance et de crainte, et ne puis deviner
Où cette intrigue-ci pourra se terminer.

SCÈNE XVII.

CLITANDRE, DAMIS, PASQUIN.

DAMIS.

Ah! marquis, cher marquis, parle : d'où vient qu'Hortense
M'ordonne, en grand secret, d'éviter sa présence?
D'où vient que son portrait, que je fie à ta foi,
Se trouve entre ses mains? Parle, réponds, dis-moi.

CLITANDRE.

Vous m'embarrassez fort.

DAMIS, *à Pasquin.*

Et vous, monsieur le traître,
Vous, le valet d'Hortense, ou qui prétendez l'être,
Il faut que vous mouriez, en ce lieu, de ma main.

SCÈNE XVII.

PASQUIN, *à Clitandre.*

Monsieur, protégez-nous.

CLITANDRE, *à Damis.*

Eh! Monsieur...

DAMIS.

C'est en vain...

CLITANDRE.

Epargnez ce valet, c'est moi qui vous en prie.

DAMIS.

Quel si grand intérêt peux-tu prendre à sa vie?

CLITANDRE.

Je vous en prie encore, et sérieusement.

DAMIS.

Par amitié pour toi, je diffère un moment.
Çà, maraud, apprends-moi la noirceur effroyable...

PASQUIN.

Ah! Monsieur, cette affaire est embrouillée en diable;
Mais je vous apprendrai de surprenants secrets,
Si vous me promettez de n'en parler jamais.

DAMIS.

Non, je ne promets rien, et je veux tout apprendre.

PASQUIN.

Monsieur, Hortense arrive, et pourrait nous entendre.
   (*A Clitandre.*)
Ah! Monsieur, que dirai-je? hélas! je suis à bout.
Allons tous trois au bal, et je vous dirai tout.

SCÈNE XVIII.

HORTENSE, *un masque à la main et en domino;* TRASIMON, NÉRINE.

TRASIMON.

Oui, croyez, ma cousine, et faites votre compte,
Que ce jeune éventé nous couvrira de honte.
Comment! montrer partout et lettres et portrait!
En public! à moi-même! Après un pareil trait,
Je prétends de ma main lui brûler la cervelle.

HORTENSE, *à Nérine.*

Est-il vrai que Julie à ses yeux soit si belle,
Qu'il en soit amoureux?

TRASIMON.

Il importe fort peu :
Mais qu'il vous déshonore, il m'importe, morbleu;
Et je sais l'intérêt qu'un parent doit y prendre.

HORTENSE, *à Nérine.*

Crois-tu que pour Julie il ait eu le cœur tendre?
Qu'en penses-tu? dis-moi.

NÉRINE.

Mais l'on peut aujourd'hui
Aisément, si l'on veut, savoir cela de lui.

HORTENSE.

Son indiscrétion, Nérine, fut extrême;
Je devrais le haïr : peut-être que je l'aime.
Tout à l'heure, en pleurant, il jurait devant toi
Qu'il m'aimerait toujours, et sans parler de moi;
Qu'il voulait m'adorer, et qu'il saurait se taire.

SCÈNE XVIII.

TRASIMON.

Il vous a promis là bien plus qu'il ne peut faire.

HORTENSE.

Pour la dernière fois je le veux éprouver.
Nérine, il est au bal; il faut l'aller trouver.
Déguise-toi; dis-lui qu'avec impatience
Julie ici l'attend dans l'ombre et le silence.
L'artifice est permis sous ce masque trompeur,
Qui du moins de mon front cachera la rougeur :
Je paraîtrai Julie aux yeux de l'infidèle;
Je saurai ce qu'il pense, et de moi-même, et d'elle :
C'est de cet entretien que dépendra mon choix.

(*A Trasimon.*)

Ne vous écartez point, restez près de ce bois;
Tâchez auprès de vous de retenir Clitandre :
L'un et l'autre en ces lieux daignez un peu m'attendre;
Je vous appellerai quand il en sera temps.

SCÈNE XIX.

HORTENSE, *seule en domino, et son masque à la main.*

Il faut fixer enfin mes vœux trop inconstants.
Sachons, sous cet habit, à ses yeux travestie,
Sous ce masque, et surtout sous ce nom de Julie,
Si l'indiscrétion de ce jeune éventé
Fut un excès d'amour, ou bien de vanité;
Si je dois le haïr, ou lui donner sa grâce.
Mais déjà je le vois.

SCÈNE XX.

HORTENSE, *en domino et masquée*, DAMIS.

DAMIS, *sans voir Hortense.*
C'est donc ici la place
Où toutes les beautés donnent leur rendez-vous?
Ma foi, je suis assez à la mode, entre nous.
Oui, la mode fait tout, décide tout en France;
Elle règle les rangs, l'honneur, la bienséance,
Le mérite, l'esprit, les plaisirs.

HORTENSE, *à part.*
L'étourdi!

DAMIS.
Ah! si pour mon bonheur on peut savoir ceci,
Je veux qu'avant deux ans la cour n'ait point de belle
A qui l'amour pour moi ne tourne la cervelle.
Il ne s'agit ici que de bien débuter.
Bientôt Eglé, Doris... Mais qui les peut compter?
Quels plaisirs! quelle file!

HORTENSE, *à part.*
Ah! la tête légère!

DAMIS.
Ah! Julie, est-ce vous? vous qui m'êtes si chère!
Je vous connais malgré ce masque trop jaloux,
Et mon cœur amoureux m'avertit que c'est vous.
Otez, Julie, ôtez ce masque impitoyable;
Non, ne me cachez point ce visage adorable,

SCÈNE XX.

Ce front, ces doux regards, cet aimable souris,
Qui de mon tendre amour sont la cause et le prix.
Vous êtes en ces lieux la seule que j'adore.

HORTENSE.

Non, de vous mon humeur n'est pas connue encore.
Je ne voudrais jamais accepter votre foi,
Si vous aviez un cœur qui n'eût aimé que moi.
Je veux que mon amant soit bien plus à la mode,
Que de ses rendez-vous le nombre l'incommode,
Que par trente grisons tous ses pas soient comptés,
Que mon amour vainqueur l'arrache à cent beautés,
Qu'il me fasse surtout de brillants sacrifices;
Sans cela, je ne puis accepter ses services.
Un amant moins couru ne me saurait flatter.

DAMIS.

Oh! j'ai sur ce pied-là de quoi vous contenter :
J'ai fait en peu de temps d'assez belles conquêtes;
Je pourrais me vanter de fortunes honnêtes;
Et nous sommes courus de plus d'une beauté,
Qui pourraient de tout autre enfler la vanité.
Nous en citerions bien qui font les difficiles,
Et qui sont avec nous passablement faciles.

HORTENSE.

Mais encore?

DAMIS.

Eh!... ma foi, vous n'avez qu'à parler;
Et je suis prêt, Julie, à vous tout immoler.
Voulez-vous qu'à jamais mon cœur vous sacrifie
La petite Isabelle et la vive Erminie,
Clarisse, Eglé, Doris?

HORTENSE.

Quelle offrande est-ce là ?
On m'offre tous les jours ces sacrifices-là.
Ces dames, entre nous, sont trop souvent quittées :
Nommez-moi des beautés qui soient plus respectées,
Et dont je puisse au moins triompher sans rougir.
Ah ! si vous aviez pu forcer à vous chérir
Quelque femme à l'amour jusqu'alors insensible,
Aux manèges de cour toujours inaccessible,
De qui la bienséance accompagnât les pas,
Qui, sage en sa conduite, évitât les éclats,
Enfin qui pour vous seul eût eu quelque faiblesse...

DAMIS, *s'asseyant auprès d'Hortense.*

Ecoutez. Entre nous, j'ai certaine maîtresse,
A qui ce portrait-là ressemble trait pour trait :
Mais vous m'accuseriez d'être trop indiscret.

HORTENSE.

Point, point.

DAMIS.

Si je n'avais quelque peu de prudence,
Si je voulais parler, je nommerais Hortense...
Pourquoi donc à ce nom vous éloigner de moi ?
Je n'aime point Hortense alors que je vous vois ;
Elle n'est, près de vous, ni touchante, ni belle :
De plus, certain abbé fréquente trop chez elle ;
Et de nuit, entre nous, Trasimon son cousin
Passe un peu trop souvent par le mur du jardin.

HORTENSE, *à part.*

A l'indiscrétion joindre la calomnie !

SCÈNE XX.

(*Haut.*)

Contraignons-nous encore. Ecoutez, je vous prie;
Comment avec Hortense êtes-vous, s'il vous plaît?

DAMIS.

Du dernier bien : je dis la chose comme elle est.

HORTENSE, *à part.*

Peut-on plus loin pousser l'audace et l'imposture!

DAMIS.

Non, je ne vous mens point; c'est la vérité pure.

HORTENSE, *à part.*

Le traître!

DAMIS.

Eh! sur cela, quel est votre souci?
Pour parler d'elle enfin sommes-nous donc ici?
Daignez, daignez plutôt...

HORTENSE.

Non, je ne saurais croire
Qu'elle vous ait cédé cette entière victoire.

DAMIS.

Je vous dis que j'en ai la preuve par écrit.

HORTENSE.

Je n'en crois rien du tout.

DAMIS.

Vous m'outrez de dépit.

HORTENSE.

Je veux voir par mes yeux.

DAMIS.

C'est trop me faire injure.

(*Il lui donne la lettre.*)

Tenez donc : vous pouvez connaître l'écriture.

HORTENSE, *se démasquant.*

Oui, je la connais, traître, et je connais ton cœur.
J'ai réparé ma faute, enfin; et mon bonheur
M'a rendu pour jamais le portrait et la lettre
Qu'à ces indignes mains j'avais osé commettre.
Il est temps : Trasimon, Clitandre, montrez-vous.

SCÈNE XXI.

HORTENSE, DAMIS, TRASIMON, CLITANDRE.

HORTENSE, *à Clitandre.*

Si je ne vous suis point un objet de courroux,
Si vous m'aimez encore, à vos lois asservie,
Je vous offre ma main, ma fortune et ma vie.

CLITANDRE.

Ah! Madame, à vos pieds un malheureux amant
Devrait mourir de joie et de saisissement.

TRASIMON, *à Damis.*

Je vous l'avais bien dit, que je la rendrais sage.
C'est moi seul, mons Damis, qui fais ce mariage.
Adieu, possédez mieux l'art de dissimuler.

DAMIS.

Juste ciel! désormais à qui peut-on parler?

FIN DE L'INDISCRET.

L'ENFANT PRODIGUE,

COMÉDIE

Représentée, pour la première fois, le 10 octobre 1736.

EXTRAIT DE LA PRÉFACE

DE L'ÉDITION DE 1738.

CETTE pièce, la première comédie qui ait été écrite en vers de cinq pieds, eut environ trente représentations. Elle offre un mélange de sérieux et de plaisanterie, de comique et de touchant. Dans la vie des hommes, une seule aventure produit souvent ce contraste de mœurs et de caractères. Nous n'inférons pas de-là que toute comédie doive avoir des scènes de bouffonnerie et des scènes attendrissantes, mais il ne faut donner l'exclusion à aucun genre. Il y a en effet plusieurs genres d'intérêt: des méprises, des équivoques, causent un rire général. La peinture de caractères ridicules plaît aussi, sans causer cet éclat. D'autres ridicules, mêlés de divers sentiments plus ou moins graves, causent un plaisir sérieux. Il en résulte que la variété est aussi un besoin, et que des choses nouvelles peuvent devenir nécessaires pourvu qu'elles intéressent. Encore une fois, tous les genres sont bons, hors le genre ennuyeux.

PERSONNAGES.

EUPHÉMON père.
EUPHÉMON fils.
FIERENFAT, président de Cognac, second fils d'Euphémon.
RONDON, bourgeois de Cognac.
LISE, fille de Rondon.
LA BARONNE DE CROUPILLAC.
MARTHE, suivante de Lise.
JASMIN, valet d'Euphémon fils.

La scène est à Cognac.

L'ENFANT PRODIGUE,
COMÉDIE.

ACTE PREMIER.

SCÈNE I.

EUPHÉMON, RONDON.

RONDON.

Mon triste ami, mon cher et vieux voisin,
Que de bon cœur j'oublirai ton chagrin!
Que je rirai! Quel plaisir! Que ma fille
Va ranimer ta dolente famille!
Mais, mons ton fils, le sieur de Fierenfat
Me semble avoir un procédé bien plat.

EUPHÉMON.

Quoi donc?

RONDON.

Tout fier de sa magistrature,
Il fait l'amour avec poids et mesure.
Adolescent qui s'érige en barbon,
Jeune écolier qui vous parle en Caton,
Est, à mon sens, un animal bernable;
Et j'aime mieux l'air fou que l'air capable:
Il est trop fat.

####### EUPHÉMON.

Et vous êtes aussi
Un peu trop brusque.

####### RONDON.

Ah! je suis fait ainsi.
J'aime le vrai, je me plais à l'entendre;
J'aime à le dire, à gourmander mon gendre,
A bien mater cette fatuité,
Et l'air pédant dont il est encroûté.
Vous avez fait, beau-père, en père sage,
Quand son aîné, ce joueur, ce volage,
Ce débauché, ce fou partit d'ici,
De donner tout à ce sot cadet-ci;
De mettre en lui toute votre espérance,
Et d'acheter pour lui la présidence
De cette ville : oui, c'est un trait prudent.
Mais dès qu'il fut monsieur le président,
Il fut, ma foi, gonflé d'impertinence :
Sa gravité marche et parle en cadence;
Il dit qu'il a bien plus d'esprit que moi,
Qui, comme on sait, en ai bien plus que toi.
Il est...

####### EUPHÉMON.

Eh mais! quelle humeur vous emporte?
Faut-il toujours...

####### RONDON.

Va, va, laisse, qu'importe?
Tous ces défauts, vois-tu, sont comme rien,
Lorsque d'ailleurs on amasse un gros bien.
Il est avare; et tout avare est sage.
Oh! c'est un vice excellent en ménage,

Un très-bon vice. Allons; dès aujourd'hui
Il est mon gendre, et ma Lise est à lui.
Il reste donc, notre triste beau-père,
A faire ici donation entière
De tous vos biens, contrats, acquis, conquis,
Présents, futurs, à monsieur votre fils,
En réservant sur votre vieille tête
D'un usufruit l'entretien fort honnête;
Le tout en bref arrêté, cimenté,
Pour que ce fils, bien cossu, bien doté,
Joigne à nos biens une vaste opulence :
Sans quoi soudain ma Lise à d'autres pense.

EUPHÉMON.

Je l'ai promis, et j'y satisferai :
Oui, Fierenfat aura le bien que j'ai.
Je veux couler, au sein de la retraite,
La triste fin de ma vie inquiète;
Mais je voudrais qu'un fils si bien doté
Eût pour mes biens un peu moins d'âpreté.
J'ai vu d'un fils la débauche insensée :
Je vois dans l'autre une ame intéressée.

RONDON.

Tant mieux, tant mieux.

EUPHÉMON.

Cher ami, je suis né
Pour n'être rien qu'un père infortuné.

RONDON.

Voilà-t-il pas de vos jérémiades,
De vos regrets, de vos complaintes fades?
Voulez-vous pas que ce maître étourdi,
Ce bel aîné dans le vice enhardi,

Venant gâter les douceurs que j'apprête,
Dans cet hymen paraisse en trouble-fête?
EUPHÉMON.
Non.
RONDON.
Voulez-vous qu'il vienne, sans façon,
Mettre en jurant le feu dans la maison?
EUPHÉMON.
Non.
RONDON.
Qu'il vous batte, et qu'il m'enlève Lise?
Lise autrefois à cet aîné promise;
Ma Lise qui...
EUPHÉMON.
Que cet objet charmant
Soit préservé d'un pareil garnement!
RONDON.
Qu'il rentre ici pour dépouiller son père?
Pour succéder?...
EUPHÉMON.
Non... tout est à son frère.
RONDON.
Ah! sans cela, point de Lise pour lui.
EUPHÉMON.
Il aura Lise et mes biens aujourd'hui;
Et son aîné n'aura pour tout partage
Que le courroux d'un père qu'il outrage :
Il le mérite; il fut dénaturé.
RONDON.
Ah! vous l'aviez trop long-temps enduré.

L'autre du moins agit avec prudence;
Mais cet aîné! quel trait d'extravagance!
Le libertin, mon Dieu, que c'était là!
Te souvient-il, vieux beau-père, ah, ah, ah,
Qu'il te vola, ce tour est bagatelle,
Chevaux, habits, linge, meubles, vaisselle,
Pour équiper la petite Jourdain,
Qui le quitta le lendemain matin?
J'en ai bien ri, je l'avoue.

EUPHÉMON.

                Ah! quels charmes
Trouvez-vous donc à rappeler mes larmes?

RONDON.

Et sur un as mettant vingt rouleaux d'or?
Eh, eh!

EUPHÉMON.

    Cessez.

RONDON.

           Te souvient-il encor,
Quand l'étourdi dut, en face d'église,
Se fiancer à ma petite Lise,
Dans quel endroit on le trouva caché?
Comment? pour qui?... Peste! quel débauché!

EUPHÉMON.

Epargnez-moi ces indignes histoires,
De sa conduite impressions trop noires;
Ne suis-je pas assez infortuné?
Je suis sorti des lieux où je suis né,
Pour m'épargner, pour ôter de ma vue
Ce qui rappelle un malheur qui me tue.

Votre commerce ici vous a conduit :
Mon amitié, ma douleur vous y suit;
Ménagez-les : vous prodiguez sans cesse
La vérité; mais la vérité blesse.

RONDON.

Je me tairai, soit : j'y consens, d'accord.
Pardon; mais diable! aussi vous aviez tort,
En connaissant le fougueux caractère
De votre fils, d'en faire un mousquetaire.

EUPHÉMON.

Encor!

RONDON.

Pardon; mais vous deviez...

EUPHÉMON.

Je dois
Oublier tout pour notre nouveau choix,
Pour mon cadet et pour son mariage.
Çà pensez-vous que ce cadet si sage
De votre fille ait pu toucher le cœur?

RONDON.

Assurément. Ma fille a de l'honneur,
Elle obéit à mon pouvoir suprême;
Et quand je dis : Allons, je veux qu'on aime,
Son cœur docile, et que j'ai su tourner,
Tout aussitôt aime sans raisonner :
A mon plaisir j'ai pétri sa jeune ame.

EUPHÉMON.

Je doute un peu pourtant qu'elle s'enflamme
Par vos leçons; et je me trompe fort
Si de vos soins votre fille est d'accord.

Pour mon aîné j'obtins le sacrifice
Des vœux naissants de son ame novice :
Je sais quels sont ces premiers traits d'amour;
Le cœur est tendre, il saigne plus d'un jour.

RONDON.

Vous radotez.

EUPHÉMON.

Quoi que vous puissiez dire,
Cet étourdi pouvait très-bien séduire.

RONDON.

Lui? point du tout; ce n'était qu'un vaurien.
Pauvre bon homme! allez, ne craignez rien :
Car à ma fille, après ce beau ménage,
J'ai défendu de l'aimer davantage.
Ayez le cœur sur cela réjoui;
Quand j'ai dit non, personne ne dit oui.
Voyez plutôt.

SCÈNE II.

EUPHÉMON, RONDON, LISE, MARTHE.

RONDON.

Approchez, venez, Lise;
Ce jour pour vous est un grand jour de crise.
Que je te donne un mari jeune ou vieux,
Ou laid ou beau, triste ou gai, riche ou gueux,
Ne sens-tu pas des desirs de lui plaire,
Du goût pour lui, de l'amour?

LISE.

Non, mon père.

RONDON.

Comment, coquine?

EUPHÉMON.

Ah! ah! notre féal,
Votre pouvoir va, ce semble, un peu mal :
Qu'est devenu ce despotique empire?

RONDON.

Comment! après tout ce que j'ai pu dire,
Tu n'aurais pas un peu de passion
Pour ton futur époux?

LISE.

Mon père, non.

RONDON.

Ne sais-tu pas que le devoir t'oblige
A lui donner tout ton cœur?

LISE.

Non, vous dis-je.
Je sais, mon père, à quoi ce nœud sacré
Oblige un cœur de vertu pénétré.
Je sais qu'il faut, aimable en sa sagesse,
De son époux mériter la tendresse,
Et réparer du moins par la bonté
Ce que le sort nous refuse en beauté,
Etre au-dehors discrète, raisonnable,
Dans sa maison, douce, égale, agréable :
Quant à l'amour, c'est tout un autre point;
Les sentiments ne se commandent point.
N'ordonnez rien, l'amour fuit l'esclavage.
De mon époux le reste est le partage :
Mais pour mon cœur, il le doit mériter.

ACTE I, SCÈNE II.

Ce cœur au moins, difficile à dompter,
Ne peut aimer, ni par ordre d'un père,
Ni par raison, ni par-devant notaire.

EUPHÉMON.

C'est, à mon gré, raisonner sensément ;
J'approuve fort ce juste sentiment.
C'est à mon fils à tâcher de se rendre
Digne d'un cœur aussi noble que tendre.

RONDON.

Vous tairez-vous, radoteur complaisant,
Flatteur barbon, vrai corrupteur d'enfant ?
Jamais sans vous ma fille, bien apprise,
N'eût devant moi lâché cette sottise.

(*A Lise.*)

Ecoute, toi : je te baille un mari
Tant soit peu fat, et par trop renchéri ;
Mais c'est à moi de corriger mon gendre :
Toi, tel qu'il est, c'est à toi de le prendre,
De vous aimer, si vous pouvez, tous deux,
Et d'obéir à tout ce que je veux.
C'est-là ton lot ; et toi, notre beau-père,
Allons signer chez notre gros notaire,
Qui vous allonge en cent mots superflus
Ce qu'on dirait en quatre tout au plus.
Allons hâter son bavard griffonnage ;
Lavons la tête à ce large visage ;
Puis je reviens, après cet entretien,
Gronder ton fils, ma fille et toi.

EUPHÉMON.

                              Fort bien.

SCÈNE III.

LISE, MARTHE.

MARTHE.

Mon Dieu! qu'il joint à tous ses airs grotesques
Des sentiments et des travers burlesques!

LISE.

Je suis sa fille, et de plus son humeur
N'altère point la bonté de son cœur;
Et sous les plis d'un front atrabilaire,
Sous cet air brusque, il a l'ame d'un père :
Quelquefois même, au milieu de ses cris,
Tout en grondant il cède à mes avis.
Il est bien vrai qu'en blâmant la personne
Et les défauts du mari qu'il me donne,
En me montrant d'une telle union
Tous les dangers, il a grande raison;
Mais lorsqu'ensuite il ordonne que j'aime,
Dieu! que je sens que son tort est extrême!

MARTHE.

Comment aimer un monsieur Fierenfat?
J'épouserais plutôt un vieux soldat,
Qui jure, boit, bat sa femme, et qui l'aime,
Qu'un fat en robe, enivré de lui-même,
Qui, d'un ton grave, et d'un air de pédant,
Semble juger sa femme en lui parlant;
Qui, comme un paon, dans lui-même se mire,
Sous son rabat se rengorge et s'admire,

ACTE I, SCÈNE III.

Et, plus avare encor que suffisant,
Vous fait l'amour en comptant son argent.

LISE.

Ah! ton pinceau l'a peint d'après nature.
Mais qu'y ferai-je? il faut bien que j'endure
L'état forcé de cet hymen prochain.
On ne fait pas comme on veut son destin :
Et mes parents, ma fortune et mon âge,
Tout de l'hymen me prescrit l'esclavage.
Ce Fierenfat est, malgré mes dégoûts,
Le seul qui puisse être ici mon époux :
Il est le fils de l'ami de mon père;
C'est un parti devenu nécessaire.
Hélas! quel cœur, libre dans ses soupirs,
Peut se donner au gré de ses desirs?
Il faut céder : le temps, la patience,
Sur mon époux vaincront ma répugnance;
Et je pourrai, soumise à mes liens,
A ses défauts me prêter comme aux miens.

MARTHE.

C'est bien parler, belle et discrète Lise;
Mais votre cœur tant soit peu se déguise.
Si j'osais... mais vous m'avez ordonné
De ne parler jamais de cet aîné.

LISE.

Quoi?

MARTHE.

D'Euphémon, qui, malgré tous ses vices,
De votre cœur eut les tendres prémices,
Qui vous aimait.

LISE.

Il ne m'aima jamais.
Ne parlons plus de ce nom que je hais.

MARTHE, *en s'en allant.*

N'en parlons plus.

LISE, *la retenant.*

Il est vrai : sa jeunesse
Pour quelque temps a surpris ma tendresse;
Etait-il fait pour un cœur vertueux?

MARTHE, *en s'en allant.*

C'était un fou, ma foi, très-dangereux.

LISE, *la retenant.*

De corrupteurs sa jeunesse entourée
Dans les excès se plongeait égarée;
Le malheureux! il cherchait tour-à-tour
Tous les plaisirs : il ignorait l'amour.

MARTHE.

Mais autrefois vous m'avez paru croire
Qu'à vous aimer il avait mis sa gloire,
Que dans vos fers il était engagé.

LISE.

S'il eût aimé, je l'aurais corrigé.
Un amour vrai, sans feinte et sans caprice,
Est en effet le plus grand frein du vice.
Dans ses liens qui sait se retenir
Est honnête homme, ou va le devenir.
Mais Euphémon dédaigna sa maîtresse;
Pour la débauche il quitta la tendresse.
Ses faux amis, indigents scélérats,
Qui dans le piége avaient conduit ses pas,

ACTE I, SCÈNE III.

Ayant mangé tout le bien de sa mère,
Ont, sous son nom, volé son triste père.
Pour comble enfin, ces séducteurs cruels
L'ont entraîné loin des bras paternels,
Loin de mes yeux qui, noyés dans les larmes,
Pleuraient encor ses vices et ses charmes.
Je ne prends plus nul intérêt à lui.

MARTHE.

Son frère enfin lui succède aujourd'hui :
Il aura Lise; et certes c'est dommage :
Car l'autre avait un bien joli visage,
De blonds cheveux, la jambe faite au tour,
Dansait, chantait, était né pour l'amour.

LISE.

Ah! que dis-tu?

MARTHE.

    Même dans ces mélanges
D'égarements, de sottises étranges,
On découvrait aisément dans son cœur,
Sous ses défauts, un certain fonds d'honneur.

LISE.

Il était né pour le bien, je l'avoue.

MARTHE.

Ne croyez pas que ma bouche le loue;
Mais il n'était, me semble, point flatteur,
Point médisant, point escroc, point menteur.

LISE.

Oui; mais...

MARTHE.

Fuyons, car c'est monsieur son frère.

LISE.

Il faut rester, c'est un mal nécessaire.

SCÈNE IV.

LISE, MARTHE, LE PRÉSIDENT FIERENFAT.

FIERENFAT.

Je l'avoûrai, cette donation
Doit augmenter la satisfaction
Que vous avez d'un si beau mariage.
Surcroît de biens est l'ame d'un ménage ;
Fortune, honneurs et dignités, je croi,
Abondamment se trouvent avec moi ;
Et vous aurez dans Cognac, à la ronde,
L'honneur du pas sur les gens du beau monde.
C'est un plaisir bien flatteur que cela :
Vous entendrez murmurer, *la voilà*.
En vérité, quand j'examine au large
Mon rang, mon bien, tous les droits de ma charge,
Les agréments que dans le monde j'ai,
Les droits d'aînesse où je suis subrogé,
Je vous en fais mon compliment, Madame.

MARTHE.

Moi, je la plains : c'est une chose infame
Que vous mêliez dans tous vos entretiens
Vos qualités, votre rang et vos biens.

Etre à-la-fois et Midas et Narcisse,
Enflé d'orgueil et pincé d'avarice;
Lorgner sans cesse avec un œil content
Et sa personne et son argent comptant;
Etre en rabat un petit-maître avare,
C'est un excès de ridicule rare :
Un jeune fat passe encor; mais, ma foi,
Un jeune avare est un monstre pour moi.

FIERENFAT.

Ce n'est pas vous probablement, ma mie,
A qui mon père aujourd'hui me marie;
C'est à Madame : ainsi donc, s'il vous plaît,
Prenez à nous un peu moins d'intérêt.

(*A Lise.*)

Le silence est votre fait... Vous, Madame,
Qui dans une heure ou deux serez ma femme,
Avant la nuit vous aurez la bonté
De me chasser ce gendarme effronté,
Qui, sous le nom d'une fille suivante,
Donne carrière à sa langue impudente.
Je ne suis pas un président pour rien,
Et nous pourrions l'enfermer pour son bien.

MARTHE, *à Lise.*

Défendez-moi, parlez-lui, parlez ferme :
Je suis à vous, empêchez qu'on m'enferme;
Il pourrait bien vous enfermer aussi.

LISE.

J'augure mal déjà de tout ceci.

MARTHE.

Parlez-lui donc; laissez ces vains murmures.

LISE.

Que puis-je, hélas! lui dire?

MARTHE.

Des injures.

LISE.

Non, des raisons valent mieux.

MARTHE.

Croyez-moi,
Point de raisons, c'est le plus sûr.

SCÈNE V.

LES PERSONNAGES PRÉCÉDENTS, RONDON.

RONDON.

Ma foi,
Il nous arrive une plaisante affaire.

FIERENFAT.

Eh quoi, Monsieur?

RONDON.

Ecoute. A ton vieux père
J'allais porter notre papier timbré,
Quand nous l'avons ici près rencontré,
Entretenant au pied de cette roche
Un voyageur qui descendait du coche.

LISE.

Un voyageur jeune?

RONDON.

Nenni vraiment;
Un béquillard, un vieux ridé sans dent.

Nos deux barbons d'abord avec franchise
L'un contre l'autre ont mis leur barbe grise;
Leurs dos voûtés s'élevaient, s'abaissaient
Aux longs élans des soupirs qu'ils poussaient;
Et sur leur nez leur prunelle éraillée
Versait les pleurs dont elle était mouillée;
Puis Euphémon, d'un air tout rechigné,
Dans son logis soudain s'est rencogné :
Il dit qu'il sent une douleur insigne,
Qu'il faut au moins qu'il pleure avant qu'il signe,
Et qu'à personne il ne prétend parler.

FIERENFAT.

Ah! je prétends moi l'aller consoler.
Vous savez tous comme je le gouverne;
Et d'assez près la chose nous concerne :
Je le connais, et dès qu'il me verra
Contrat en main, d'abord il signera.
Le temps est cher, mon nouveau droit d'aînesse
Est un objet...

LISE.

Non, Monsieur, rien ne presse.

RONDON.

Si fait, tout presse; et c'est ta faute aussi
Que tout cela.

LISE.

Comment? moi! ma faute?

RONDON.

Oui.

Les contre-temps qui troublent les familles
Viennent toujours par la faute des filles.

LISE.

Qu'ai-je donc fait qui vous fâche si fort?

RONDON.

Vous avez fait que vous avez tous tort.
Je veux un peu voir nos deux trouble-fêtes,
A la raison ranger leurs lourdes têtes;
Et je prétends vous marier tantôt,
Malgré leurs dents, malgré vous, s'il le faut.

FIN DU PREMIER ACTE.

ACTE SECOND.

SCÈNE I.

LISE, MARTHE.

MARTHE.

Vous frémissez en voyant de plus près
Tout ce fracas, ces noces, ces apprêts.

LISE.

Ah! plus mon cœur s'étudie et s'essaie,
Plus de ce joug la pesanteur m'effraie :
A mon avis, l'hymen et ses liens
Sont les plus grands, ou des maux, ou des biens.
Point de milieu; l'état du mariage
Est des humains le plus cher avantage,
Quand le rapport des esprits et des cœurs,
Des sentiments, des goûts et des humeurs,
Serre ces nœuds tissus par la nature,
Que l'amour forme et que l'honneur épure.
Dieux! quel plaisir d'aimer publiquement,
Et de porter le nom de son amant!
Votre maison, vos gens, votre livrée,
Tout vous retrace une image adorée;
Et vos enfants, ces gages précieux,
Nés de l'amour, en sont de nouveaux nœuds.

Un tel hymen, une union si chère,
Si l'on en voit, c'est le ciel sur la terre.
Mais tristement vendre par un contrat
Sa liberté, son nom et son état,
Aux volontés d'un maître despotique,
Dont on devient le premier domestique;
Se quereller ou s'éviter le jour,
Sans joie à table, et la nuit sans amour;
Trembler toujours d'avoir une faiblesse,
Y succomber, ou combattre sans cesse;
Tromper son maître, ou vivre sans espoir
Dans les langueurs d'un importun devoir;
Gémir, sécher dans sa douleur profonde;
Un tel hymen est l'enfer de ce monde.

MARTHE.

En vérité, les filles, comme on dit,
Ont un démon qui leur forme l'esprit :
Que de lumière en une ame si neuve!
La plus experte et la plus fine veuve,
Qui sagement se console à Paris
D'avoir porté le deuil de trois maris,
N'en eût pas dit sur ce point davantage.
Mais vos dégoûts sur ce beau mariage
Auraient besoin d'un éclaircissement.
L'hymen déplaît avec le président :
Vous plairait-il avec monsieur son frère?
Débrouillez-moi, de grâce, ce mystère :
L'aîné fait-il bien du tort au cadet?
Haïssez-vous? aimez-vous? parlez net.

ACTE II, SCÈNE I.

LISE.

Je n'en sais rien; je ne puis et je n'ose
De mes dégoûts bien démêler la cause.
Comment chercher la triste vérité
Au fond d'un cœur, hélas! trop agité?
Il faut au moins, pour se mirer dans l'onde,
Laisser calmer la tempête qui gronde,
Et que l'orage et les vents en repos
Ne rident plus la surface des eaux.

MARTHE.

Comparaison n'est pas raison, Madame :
On lit très-bien dans le fond de son ame,
On y voit clair; et si les passions
Portent en nous tant d'agitations,
Fille de bien sait toujours, dans sa tête,
D'où vient le vent qui cause la tempête.
On sait...

LISE.

   Et moi, je ne veux rien savoir :
Mon œil se ferme, et je ne veux rien voir :
Je ne veux point chercher si j'aime encore
Un malheureux qu'il faut bien que j'abhorre;
Je ne veux point accroître mes dégoûts
Du vain regret d'un plus aimable époux.
Que loin de moi cet Euphémon, ce traître,
Vive content, soit heureux, s'il peut l'être;
Qu'il ne soit pas au moins déshérité :
Je n'aurai pas l'affreuse dureté,
Dans ce contrat où je me détermine,
D'être sa sœur pour hâter sa ruine.

Voilà mon cœur; c'est trop le pénétrer :
Aller plus loin, serait le déchirer.

SCÈNE II.

LISE, MARTHE, UN LAQUAIS.

LE LAQUAIS.
Là-bas, Madame, il est une baronne
De Croupillac...
LISE.
Sa visite m'étonne.
LE LAQUAIS.
Qui d'Angoulême arrive justement,
Et veut ici vous faire compliment.
LISE.
Hélas! sur quoi?
MARTHE.
Sur votre hymen, sans doute.
LISE.
Ah! c'est encor tout ce que je redoute.
Suis-je en état d'entendre ces propos,
Ces compliments, protocole des sots,
Où l'on se gêne, où le bon sens expire
Dans le travail de parler sans rien dire?
Que ce fardeau me pèse et me déplaît!

SCÈNE III.

LISE, MADAME CROUPILLAC, MARTHE.

MARTHE.

Voilà la dame.

LISE.

Oh! je vois trop qui c'est.

MARTHE.

On dit qu'elle est assez grande épouseuse,
Un peu plaideuse, et beaucoup radoteuse.

LISE.

Des siéges donc. Madame, pardon si...

MADAME CROUPILLAC.

Ah! Madame!

LISE.

Eh! Madame!

MADAME CROUPILLAC.

Il faut aussi....

LISE.

S'asseoir, Madame.

MADAME CROUPILLAC, *assise.*

En vérité, Madame,
Je suis confuse; et dans le fond de l'ame,
Je voudrais bien...

LISE.

Madame?

MADAME CROUPILLAC.

Je voudrais
Vous enlaidir, vous ôter vos attraits.

Je pleure, hélas! vous voyant si jolie.
LISE.
Consolez-vous, Madame.
MADAME CROUPILLAC.
Oh! non, ma mie,
Je ne saurais : je vois que vous aurez
Tous les maris que vous demanderez.
J'en avais un, du moins en espérance,
Un seul, hélas, c'est bien peu quand j'y pense,
Et j'avais eu grand' peine à le trouver;
Vous me l'ôtez, vous allez m'en priver.
Il est un temps, ah! que ce temps vient vite!
Où l'on perd tout quand un amant nous quitte,
Où l'on est seule; et certe il n'est pas bien
D'enlever tout à qui n'a presque rien.
LISE.
Excusez-moi si je suis interdite
De vos discours et de votre visite.
Quel accident afflige vos esprits?
Qui perdez-vous? et qui vous ai-je pris?
MADAME CROUPILLAC.
Ma chère enfant, il est force bégueules
Au teint ridé, qui pensent qu'elles seules,
Avec du fard et quelques fausses dents,
Fixent l'amour, les plaisirs et le temps :
Pour mon malheur, hélas! je suis plus sage;
Je vois trop bien que tout passe, et j'enrage.
LISE.
J'en suis fâchée, et tout est ainsi fait;
Mais je ne puis vous rajeunir.

ACTE II, SCÈNE III.

MADAME CROUPILLAC.

Si fait :
J'espère encore; et ce serait peut-être
Me rajeunir que me rendre mon traître.

LISE.

Mais de quel traître ici me parlez-vous?

MADAME CROUPILLAC.

D'un président, d'un ingrat, d'un époux,
Que je poursuis, pour qui je perds haleine,
Et sûrement qui n'en vaut pas la peine.

LISE.

Eh bien, Madame?

MADAME CROUPILLAC.

Eh bien! dans mon printemps
Je ne parlais jamais aux présidents;
Je haïssais leur personne et leur style :
Mais avec l'âge on est moins difficile.

LISE.

Enfin, Madame?

MADAME CROUPILLAC.

Enfin il faut savoir
Que vous m'avez réduite au désespoir.

LISE.

Comment? en quoi?

MADAME CROUPILLAC.

J'étais dans Angoulême,
Veuve, et pouvant disposer de moi-même :
Dans Angoulême en ce temps Fierenfat
Etudiait, apprenti magistrat;
Il me lorgnait : il se mit dans la tête

Pour ma personne un amour malhonnête,
Bien malhonnête, hélas! bien outrageant;
Car il faisait l'amour à mon argent.
Je fis écrire au bon-homme de père :
On s'entremit, on poussa loin l'affaire;
Car en mon nom souvent on lui parla :
Il répondit qu'il verrait tout cela.
Vous voyez bien que la chose était sûre.

LISE.

Oh! oui.

MADAME CROUPILLAC.

Pour moi, j'étais prête à conclure.
De Fierenfat alors le frère aîné
A votre lit fut, dit-on, destiné.

LISE.

Quel souvenir!

MADAME CROUPILLAC.

C'était un fou, ma chère,
Qui jouissait de l'honneur de vous plaire.

LISE.

Ah!

MADAME CROUPILLAC.

Ce fou-là s'étant fort dérangé,
Et de son père ayant pris son congé,
Errant, proscrit, peut-être mort, que sais-je?
(Vous vous troublez!) mon héros de collège,
Mon président, sachant que votre bien
Est, tout compté, plus ample que le mien,
Méprise enfin ma fortune et mes larmes :
De votre dot il convoite les charmes;

ACTE II, SCÈNE III.

Entre vos bras il est ce soir admis.
Mais pensez-vous qu'il vous soit bien permis
D'aller ainsi, courant de frère en frère,
Vous emparer d'une famille entière?
Pour moi, déjà, par protestation,
J'arrête ici la célébration;
J'y mangerai mon château, mon douaire;
Et le procès sera fait de manière
Que vous, son père, et les enfants que j'ai,
Nous serons morts avant qu'il soit jugé.

LISE.

En vérité, je suis toute honteuse
Que mon hymen vous rende malheureuse;
Je suis peu digne, hélas! de ce courroux.
Sans être heureux, on fait donc des jaloux!
Cessez, Madame, avec un œil d'envie
De regarder mon état et ma vie;
On nous pourrait aisément accorder :
Pour un mari je ne veux point plaider.

MADAME CROUPILLAC.

Quoi! point plaider?

LISE.

Non : je vous l'abandonne.

MADAME CROUPILLAC.

Vous êtes donc sans goût pour sa personne?
Vous n'aimez point?

LISE.

Je trouve peu d'attraits
Dans l'hyménée, et nul dans les procès.

SCÈNE IV.

MADAME CROUPILLAC, LISE, RONDON.

RONDON.

Oh! oh! ma fille, on nous fait des affaires
Qui font dresser les cheveux aux beaux-pères!
On m'a parlé de protestation.
Eh vertu-bleu! qu'on en parle à Rondon;
Je chasserai bien loin ces créatures.

MADAME CROUPILLAC.

Faut-il encore essuyer des injures?
Monsieur Rondon, de grâce, écoutez-moi.

RONDON.

Que vous plaît-il?

MADAME CROUPILLAC.

Votre gendre est sans foi;
C'est un fripon d'espèce toute neuve,
Galant, avare, écornifleur de veuve :
C'est de l'argent qu'il aime.

RONDON.

Il a raison.

MADAME CROUPILLAC.

Il m'a cent fois promis dans ma maison
Un pur amour, d'éternelles tendresses.

RONDON.

Est-ce qu'on tient de semblables promesses?

MADAME CROUPILLAC.

Il m'a quittée, hélas! si durement.

RONDON.
J'en aurais fait de bon cœur tout autant.
MADAME CROUPILLAC.
Je vais parler comme il faut à son père.
RONDON.
Ah! parlez-lui plutôt qu'à moi.
MADAME CROUPILLAC.
      L'affaire
Est effroyable, et le beau sexe entier
En ma faveur ira partout crier.
RONDON.
Il crira moins que vous.
MADAME CROUPILLAC.
      Ah! vos personnes
Sauront un peu ce qu'on doit aux baronnes.
RONDON.
On doit en rire.
MADAME CROUPILLAC.
    Il me faut un époux;
Et je prendrai lui, son vieux père ou vous.
RONDON.
Qui, moi?
MADAME CROUPILLAC.
Vous-même.
RONDON.
    Oh! je vous en défie.
MADAME CROUPILLAC.
Nous plaiderons.
RONDON.
   Mais voyez la folie!

SCÈNE V.

RONDON, FIERENFAT, LISE.

RONDON, *à Lise.*

Je voudrais bien savoir aussi pourquoi
Vous recevez ces visites chez moi?
Vous m'attirez toujours des algarades.
    (*A Fierenfat.*)
Et vous, Monsieur, le roi des pédants fades,
Quel sot démon vous force à courtiser
Une baronne, afin de l'abuser?
C'est bien à vous, avec ce plat visage,
De vous donner des airs d'être volage!
Il vous sied bien, grave et triste indolent,
De vous mêler du métier de galant!
C'était le fait de votre fou de frère;
Mais vous, mais vous!

FIERENFAT.

Détrompez-vous, beau-père,
Je n'ai jamais requis cette union;
Je ne promis que sous condition,
Me réservant toujours au fond de l'ame
Le droit de prendre une plus riche femme.
De mon aîné l'exhérédation,
Et tous ses biens en ma possession,
A votre fille enfin m'ont fait prétendre :
Argent comptant fait et beau-père et gendre.

RONDON.

Il a raison, ma foi, j'en suis d'accord.

LISE.
Avoir ainsi raison, c'est un grand tort.
RONDON.
L'argent fait tout. Va, c'est chose très-sûre :
Hâtons-nous donc sur ce pied de conclure.
D'écus tournois soixante pesants sacs
Finiront tout, malgré les Croupillacs.
Qu'Euphémon tarde, et qu'il me désespère!
Signons toujours avant lui.
LISE.
Non, mon père,
Je fais aussi mes protestations,
Et je me donne à des conditions.
RONDON.
Conditions! toi? quelle impertinence!
Tu dis, tu dis?...
LISE.
Je dis ce que je pense.
Peut-on goûter le bonheur odieux
De se nourrir des pleurs d'un malheureux?
(A Fierenfat.)
Et vous, Monsieur, dans votre sort prospère,
Oubliez-vous que vous avez un frère?
FIERENFAT.
Mon frère? moi, je ne l'ai jamais vu;
Et du logis il était disparu
Lorsque j'étais encor dans notre école,
Le nez collé sur Cujas et Bartole.
J'ai su, depuis, ses beaux déportements;
Et si jamais il reparaît céans,

Consolez-vous, nous savons les affaires,
Nous l'enverrons en douceur aux galères.

LISE.

C'est un projet fraternel et chrétien.
En attendant vous confisquez son bien :
C'est votre avis; mais moi, je vous déclare
Que je déteste un tel projet.

RONDON.

Tarare!
Va, mon enfant, le contrat est dressé;
Sur tout cela le notaire a passé.

FIERENFAT.

Nos pères l'ont ordonné de la sorte;
En droit écrit leur volonté l'emporte.
Lisez Cujas, chapitres cinq, six, sept :
« Tout libertin de débauches infect,
« Qui, renonçant à l'aile paternelle,
« Fuit la maison, ou bien qui pille icelle,
« *Ipso facto* de tout dépossédé,
« Comme un bâtard il est exhérédé. »

LISE.

Je ne connais le droit ni la coutume;
Je n'ai point lu Cujas; mais je présume
Que ce sont tous des malhonnêtes gens,
Vrais ennemis du cœur et du bon sens,
Si dans leur code ils ordonnent qu'un frère
Laisse périr son frère de misère;
Et la nature et l'honneur ont leurs droits,
Qui valent mieux que Cujas et vos lois.

RONDON.

Ah! laissez-là vos lois et votre code,
Et votre honneur, et faites à ma mode :
De cet aîné que t'embarrasses-tu?
Il faut du bien.

LISE.

Il faut de la vertu.
Qu'il soit puni; mais au moins qu'on lui laisse
Un peu de bien, reste d'un droit d'aînesse.
Je vous le dis, ma main ni mes faveurs
Ne seront point le prix de ses malheurs.
Corrigez donc l'article que j'abhorre
Dans ce contrat, qui tous nous déshonore :
Si l'intérêt ainsi l'a pu dresser,
C'est un opprobre, il le faut effacer.

FIERENFAT.

Ah! qu'une femme entend mal les affaires!

RONDON.

Quoi! tu voudrais corriger deux notaires?
Faire changer un contrat?

LISE.

Pourquoi non?

RONDON.

Tu ne feras jamais bonne maison;
Tu perdras tout.

LISE.

Je n'ai pas grand usage,
Jusqu'à présent, du monde et du ménage;
Mais l'intérêt, mon cœur vous le maintient,
Perd des maisons autant qu'il en soutient.

Si j'en fais une, au moins cet édifice
Sera d'abord fondé sur la justice.

RONDON.

Elle est têtue; et pour la contenter,
Allons, mon gendre, il faut s'exécuter :
Çà, donne un peu.

FIERENFAT.

Oui, je donne à mon frère...
Je donne... allons...

RONDON.

Ne lui donne donc guère.

SCÈNE VI.

EUPHÉMON, RONDON, LISE, FIERENFAT.

RONDON.

Ah! le voici le bon-homme Euphémon.
Viens, viens, j'ai mis ma fille à la raison.
On n'attend plus rien que ta signature;
Presse-moi donc cette tardive allure :
Dégourdis-toi, prends un ton réjoui,
Un air de noce, un front épanoui;
Car dans neuf mois, je veux, ne te déplaise,
Que deux enfants... je ne me sens pas d'aise.
Allons, ris donc, chassons tous les ennuis :
Signons, signons.

EUPHÉMON.

Non, Monsieur, je ne puis.

FIERENFAT.

Vous ne pouvez?

ACTE II, SCÈNE VI.

RONDON.

En voici bien d'une autre.

FIERENFAT.

Quelle raison?

RONDON.

Quelle rage est la vôtre?
Quoi! tout le monde est-il devenu fou?
Chacun dit non : comment? pourquoi? par où?

EUPHÉMON.

Ah! ce serait outrager la nature
Que de signer dans cette conjoncture.

RONDON.

Serait-ce point la dame Croupillac
Qui sourdement fait ce maudit micmac?

EUPHÉMON.

Non, cette femme est folle, et dans sa tête
Elle veut rompre un hymen que j'apprête :
Mais ce n'est pas de ses cris impuissants
Que sont venus les ennuis que je sens.

RONDON.

Eh bien! quoi donc? ce béquillard du coche
Dérange tout, et notre affaire accroche?

EUPHÉMON.

Ce qu'il a dit, doit retarder du moins
L'heureux hymen, objet de tant de soins.

LISE.

Qu'a-t-il donc dit, Monsieur?

FIERENFAT.

Quelle nouvelle
A-t-il apprise?

EUPHÉMON.

Une, hélas ! trop cruelle.
Devers Bordeaux cet homme a vu mon fils,
Dans les prisons, sans secours, sans habits,
Mourant de faim : la honte et la tristesse
Vers le tombeau conduisaient sa jeunesse :
La maladie et l'excès du malheur
De son printemps avaient séché la fleur ;
Et dans son sang la fièvre enracinée
Précipitait sa dernière journée.
Quand il le vit, il était expirant ;
Sans doute, hélas ! il est mort à présent.

RONDON.

Voilà, ma foi, sa pension payée.

LISE.

Il serait mort !

RONDON.

N'en sois point effrayée ;
Va, que t'importe ?

FIERENFAT.

Ah ! Monsieur, la pâleur
De son visage efface la couleur.

RONDON.

Elle est, ma foi, sensible : ah ! la friponne !
Puisqu'il est mort, allons, je te pardonne.

FIERENFAT.

Mais après tout, mon père, voulez-vous ?...

EUPHÉMON.

Ne craignez rien, vous serez son époux.
C'est mon bonheur ; mais il serait atroce

Qu'un jour de deuil devînt un jour de noce.
Puis-je, mon fils, mêler à ce festin
Le contre-temps de mon juste chagrin,
Et sur vos fronts parés de fleurs nouvelles
Laisser couler mes larmes paternelles?
Donnez, mon fils, ce jour à nos soupirs,
Et différez l'heure de vos plaisirs :
Par une joie indiscrète, insensée,
L'honnêteté serait trop offensée.

LISE.

Ah! oui, Monsieur, j'approuve vos douleurs;
Il m'est plus doux de partager vos pleurs
Que de former les nœuds du mariage.

FIERENFAT.

Eh! mais, mon père...

RONDON.

Eh! vous n'êtes pas sage.
Quoi! différer un hymen projeté,
Pour un ingrat cent fois déshérité,
Maudit de vous, de sa famille entière!

EUPHÉMON.

Dans ces moments un père est toujours père.
Ses attentats et toutes ses erreurs
Furent toujours le sujet de mes pleurs;
Et ce qui pèse à mon ame attendrie,
C'est qu'il est mort sans réparer sa vie.

RONDON.

Réparons-la; donnons-nous aujourd'hui
Des petits-fils qui vaillent mieux que lui;
Signons, dansons, allons : que de faiblesse!

EUPHÉMON.

Mais...

RONDON.

Mais, morbleu, ce procédé me blesse :
De regretter même le plus grand bien,
C'est fort mal fait : douleur n'est bonne à rien ;
Mais regretter le fardeau qu'on vous ôte,
C'est une énorme et ridicule faute.
Ce fils aîné, ce fils votre fléau,
Vous mit trois fois sur le bord du tombeau.
Pauvre cher homme! allez, sa frénésie
Eût tôt ou tard abrégé votre vie.
Soyez tranquille, et suivez mes avis ;
C'est un grand bien que de perdre un tel fils.

EUPHÉMON.

Oui, mais ce gain coûte plus qu'on ne pense ;
Je pleure, hélas! sa mort et sa naissance.

RONDON, *à Fierenfat.*

Va : suis ton père, et sois expéditif ;
Prends ce contrat; le mort saisit le vif :
Il n'est plus temps qu'avec moi l'on barguigne ;
Prends-lui la main; qu'il paraphe et qu'il signe.

(*A Lise.*)

Et toi, ma fille, attendons à ce soir.
Tout ira bien.

LISE.

Je suis au désespoir.

FIN DU SECOND ACTE.

ACTE TROISIÈME.

SCÈNE I.

EUPHÉMON fils, JASMIN.

JASMIN.

Oui, mon ami, tu fus jadis mon maître ;
Je t'ai servi deux ans sans te connaître :
Ainsi que moi, réduit à l'hôpital,
Ta pauvreté m'a rendu ton égal.
Non, tu n'es plus ce monsieur d'Entremonde,
Ce chevalier si pimpant dans le monde,
Fêté, couru, de femmes entouré,
Nonchalamment de plaisirs enivré :
Tout est au diable. Eteins dans ta mémoire
Ces vains regrets des beaux jours de ta gloire :
Sur du fumier l'orgueil est un abus ;
Le souvenir d'un bonheur qui n'est plus
Est à nos maux un poids insupportable.
Toujours Jasmin, j'en suis moins misérable :
Né pour souffrir, je sais souffrir gaîment ;
Manquer de tout, voilà mon élément,
Ton vieux chapeau, tes guenilles de bure,
Dont tu rougis, c'était-là ma parure.
Tu dois avoir, ma foi, bien du chagrin
De n'avoir pas été toujours Jasmin.

EUPHÉMON fils.

Que la misère entraîne d'infamie !
Faut-il encor qu'un valet m'humilie ?
Quelle accablante et terrible leçon !
Je sens encor, je sens qu'il a raison.
Il me console au moins à sa manière.
Il m'accompagne ; et son ame grossière,
Sensible et tendre en sa rusticité,
N'a point pour moi perdu l'humanité.
Né mon égal (puisque enfin il est homme),
Il me soutient sous le poids qui m'assomme ;
Il suit gaîment mon sort infortuné,
Et mes amis m'ont tous abandonné.

JASMIN.

Toi, des amis ! hélas ! mon pauvre maître,
Apprends-moi donc, de grâce, à les connaître ;
Comment sont faits les gens qu'on nomme amis ?

EUPHÉMON fils.

Tu les as vus chez moi toujours admis,
M'importunant souvent de leurs visites,
A mes soupers délicats parasites,
Vantant mes goûts d'un esprit complaisant,
Et sur le tout empruntant mon argent ;
De leur bon cœur m'étourdissant la tête,
Et me louant, moi présent.

JASMIN.

                    Pauvre bête !
Pauvre innocent ! tu ne les voyais pas
Te chansonner au sortir d'un repas,
Siffler, berner ta bénigne imprudence.

ACTE III, SCÈNE I.

EUPHÉMON fils.

Ah! je le crois; car dans ma décadence,
Lorsqu'à Bordeaux je me vis arrêté,
Aucun de ceux à qui j'ai tout prêté
Ne me vint voir, nul ne m'offrit sa bourse.
Puis au sortir, malade et sans ressource,
Lorsqu'à l'un d'eux, que j'avais tant aimé,
J'allai m'offrir mourant, inanimé,
Sous ces haillons, dépouilles délabrées,
De l'indigence exécrables livrées;
Quand je lui vins demander un secours
D'où dépendaient mes misérables jours,
Il détourna son œil confus et traître,
Puis il feignit de ne me pas connaître,
Et me chassa comme un pauvre importun.

JASMIN.

Aucun n'osa te consoler?

EUPHÉMON fils.

Aucun.

JASMIN.

Ah, les amis! les amis, quels infames!

EUPHÉMON fils.

Les hommes sont tous de fer.

JASMIN.

Et les femmes?

EUPHÉMON fils.

J'en attendais, hélas! plus de douceur;
J'en ai cent fois essuyé plus d'horreur.
Celle surtout qui, m'aimant sans mystère,
Semblait placer son orgueil à me plaire,

Dans son logis meublé de mes présents,
De mes bienfaits achetait des amants,
Et de mon vin régalait leur cohue,
Lorsque de faim j'expirais dans sa rue.
Enfin, Jasmin, sans ce pauvre vieillard;
Qui dans Bordeaux me trouva par hasard,
Qui m'avait vu, dit-il, dans mon enfance,
Une mort prompte eût fini ma souffrance.
Mais en quel lieu sommes-nous, cher Jasmin?

JASMIN.

Près de Cognac, si je sais mon chemin;
Et l'on m'a dit que mon vieux premier maître,
Monsieur Rondon, loge en ces lieux peut-être.

EUPHÉMON fils.

Rondon, le père de... quel nom dis-tu?

JASMIN.

Le nom d'un homme assez brusque et bourru.
Je fus jadis page dans sa cuisine :
Mais dominé d'une humeur libertine,
Je voyageai : je fus depuis coureur,
Laquais, commis, fantassin, déserteur;
Puis dans Bordeaux je te pris pour mon maître.
De moi Rondon se souviendra peut-être;
Et nous pourrions, dans notre adversité...

EUPHÉMON fils.

Et depuis quand, dis-moi, l'as-tu quitté?

JASMIN.

Depuis quinze ans. C'était un caractère,
Moitié plaisant, moitié triste et colère,

ACTE III, SCÈNE I.

Au fond bon diable : il avait un enfant,
Un vrai bijou, fille unique vraiment,
Œil bleu, nez court, teint frais, bouche vermeille,
Et des raisons! c'était une merveille.
Cela pouvait bien avoir de mon temps,
A bien compter, entre six à sept ans;
Et cette fleur avec l'âge embellie
Est en état, ma foi, d'être cueillie.

EUPHÉMON fils.

Ah malheureux!

JASMIN.

Mais j'ai beau te parler,
Ce que je dis, ne te peut consoler;
Je vois toujours à travers ta visière
Tomber des pleurs qui bordent ta paupière.

EUPHÉMON fils.

Quel coup du sort, ou quel ordre des cieux,
A pu guider ma misère en ces lieux?
Hélas!

JASMIN.

Ton œil contemple ces demeures.
Tu restes-là tout pensif, et tu pleures.

EUPHÉMON fils.

J'en ai sujet.

JASMIN.

Mais connais-tu Rondon?
Serais-tu pas parent de la maison?

EUPHÉMON fils.

Ah! laisse-moi.

JASMIN, *en l'embrassant.*

    Par charité, mon maître,
Mon cher ami, dis-moi qui tu peux être.
   EUPHÉMON fils, *en pleurant.*
Je suis... je suis un malheureux mortel,
Je suis un fou, je suis un criminel,
Qu'on doit haïr, que le ciel doit poursuivre,
Et qui devrait être mort.
    JASMIN.
      Songe à vivre;
Mourir de faim est par trop rigoureux :
Tiens, nous avons quatre mains à nous deux;
Servons-nous-en, sans complainte importune.
Vois-tu d'ici ces gens dont la fortune
Est dans leurs bras, qui, la bêche à la main,
Le dos courbé, retournent ce jardin?
Enrôlons-nous parmi cette canaille;
Viens avec eux, imite-les, travaille;
Gagne ta vie.
   EUPHÉMON fils.
    Hélas! dans leurs travaux,
Ces vils humains, moins hommes qu'animaux,
Goûtent des biens dont toujours mes caprices
M'avaient privé dans mes fausses délices;
Ils ont au moins, sans trouble, sans remords,
La paix de l'ame et la santé du corps.

SCÈNE II.

MADAME CROUPILLAC, EUPHÉMON fils, JASMIN.

MADAME CROUPILLAC, *dans l'enfoncement.*
Que vois-je ici? Serais-je aveugle ou borgne?
C'est lui, ma foi; plus j'avise et je lorgne
Cet homme-là, plus je dis que c'est lui.
(*Elle le considère.*)
Mais ce n'est plus le même homme aujourd'hui,
Ce cavalier brillant dans Angoulême,
Jouant gros jeu, cousu d'or... C'est lui-même.
(*Elle s'approche d'Euphémon.*)
Mais l'autre était riche, heureux, beau, bien fait,
Et celui-ci me semble pauvre et laid.
La maladie altère un beau visage;
La pauvreté change encor davantage.

JASMIN.
Mais pourquoi donc ce spectre féminin
Nous poursuit-il de son regard malin?

EUPHÉMON fils.
Je la connais, hélas! ou je me trompe;
Elle m'a vu dans l'éclat, dans la pompe.
Il est affreux d'être ainsi dépouillé,
Aux mêmes yeux auxquels on a brillé.
Sortons.

MADAME CROUPILLAC, *s'avançant vers Euphémon fils.*
Mon fils, quelle étrange aventure
T'a donc réduit en si piètre posture?

EUPHÉMON fils.

Ma faute.
MADAME CROUPILLAC.
Hélas! comme te voilà mis!
JASMIN.

C'est pour avoir eu d'excellents amis;
C'est pour avoir été volé, Madame.
MADAME CROUPILLAC.

Volé! par qui? comment?
JASMIN.

Par bonté d'ame.
Nos voleurs sont de très-honnêtes gens,
Gens du beau monde, aimables fainéants,
Buveurs, joueurs, et conteurs agréables,
Des gens d'esprit, des femmes adorables.
MADAME CROUPILLAC.

J'entends, j'entends, vous avez tout mangé.
Mais vous serez cent fois plus affligé,
Quand vous saurez les excessives pertes
Qu'en fait d'hymen j'ai depuis peu souffertes.
EUPHÉMON fils.

Adieu, Madame.
MADAME CROUPILLAC, *l'arrêtant*.

Adieu! non, tu sauras
Mon accident; parbleu, tu me plaindras.
EUPHÉMON fils.

Soit, je vous plains, adieu.
MADAME CROUPILLAC.

Non, je te jure
Que tu sauras toute mon aventure.

Un Fierenfat, robin de son métier,
Vint avec moi connaissance lier,
(*Elle court après lui.*)
Dans Angoulême, au temps où vous battîtes
Quatre huissiers, et la fuite vous prîtes.
Ce Fierenfat habite en ce canton
Avec son père, un seigneur Euphémon.

EUPHÉMON fils, *revenant*.

Euphémon?

MADAME CROUPILLAC.

Oui.

EUPHÉMON fils.

Ciel! Madame, de grâce,
Cet Euphémon, cet honneur de sa race,
Que ses vertus ont rendu si fameux,
Serait...

MADAME CROUPILLAC.

Eh! oui.

EUPHÉMON fils.

Quoi! dans ces mêmes lieux?

MADAME CROUPILLAC.

Oui.

EUPHÉMON fils.

Puis-je au moins savoir... comme il se porte?

MADAME CROUPILLAC.

Fort bien, je crois... Que diable vous importe?

EUPHÉMON fils.

Et que dit-on?

MADAME CROUPILLAC.

De qui?

L'ENFANT PRODIGUE.

EUPHÉMON fils.

D'un fils aîné
Qu'il eut jadis.

MADAME CROUPILLAC.

Ah! c'est un fils mal né,
Un garnement, une tête légère,
Un fou fieffé, le fléau de son père,
Depuis long-temps de débauches perdu,
Et qui peut-être est à présent pendu.

EUPHÉMON fils.

En vérité... je suis confus dans l'ame
De vous avoir interrompu, Madame.

MADAME CROUPILLAC.

Poursuivons donc. Fierenfat, son cadet,
Chez moi l'amour hautement me faisait;
Il me devait avoir par mariage.

EUPHÉMON fils.

Eh bien! a-t-il ce bonheur en partage?
Est-il à vous?

MADAME CROUPILLAC.

Non, ce fat engraissé
De tout le lot de son frère insensé,
Devenu riche, et voulant l'être encore,
Rompt aujourd'hui cet hymen qui l'honore.
Il veut saisir la fille d'un Rondon,
D'un plat bourgeois, le coq de ce canton.

EUPHÉMON fils.

Que dites-vous? Quoi! Madame, il l'épouse?

MADAME CROUPILLAC.

Vous m'en voyez terriblement jalouse.

EUPHÉMON fils.

Ce jeune objet aimable... dont Jasmin
M'a tantôt fait un portrait si divin,
Se donnerait...

JASMIN.

Quelle rage est la vôtre!
Autant lui vaut ce mari-là qu'un autre.
Quel diable d'homme! il s'afflige de tout.

EUPHÉMON fils, *à part*.

Ce coup a mis ma patience à bout.
(*A madame Croupillac.*)
Ne doutez point que mon cœur ne partage
Amèrement un si sensible outrage.
Si j'étais cru, cette Lise aujourd'hui
Assurément ne serait pas pour lui.

MADAME CROUPILLAC.

Oh! tu le prends du ton qu'il le faut prendre;
Tu plains mon sort : un gueux est toujours tendre;
Tu paraissais bien moins compatissant
Quand tu roulais sur l'or et sur l'argent.
Ecoute; on peut s'entr'aider dans la vie.

JASMIN.

Aidez-nous donc, Madame, je vous prie.

MADAME CROUPILLAC.

Je veux ici te faire agir pour moi.

EUPHÉMON fils.

Moi vous servir! Hélas, Madame, en quoi?

MADAME CROUPILLAC.

En tout. Il faut prendre en main mon injure.
Un autre habit, quelque peu de parure,

Te pourraient rendre encore assez joli :
Ton esprit est insinuant, poli;
Tu connais l'art d'empaumer une fille :
Introduis-toi, mon cher, dans la famille;
Fais le flatteur auprès de Fierenfat :
Vante son bien, son esprit, son rabat;
Sois en faveur; et lorsque je proteste
Contre son vol, toi, mon cher, fais le reste.
Je veux gagner du temps en protestant.

EUPHÉMON, *voyant son père.*

Que vois-je, ô Ciel! (*Il s'enfuit.*)

MADAME CROUPILLAC.

Cet homme est fou vraiment,
Pourquoi s'enfuir?

JASMIN.

C'est qu'il vous craint, sans doute.

MADAME CROUPILLAC.

Poltron, demeure, arrête, écoute, écoute.

SCÈNE III.

EUPHÉMON père, JASMIN.

EUPHÉMON.

Je l'avoûrai, cet aspect imprévu
D'un malheureux avec peine entrevu,
Porte à mon cœur je ne sais quelle atteinte
Qui me remplit d'amertume et de crainte.
Il a l'air noble, et même certains traits
Qui m'ont touché; las! je ne vois jamais
De malheureux à-peu-près de cet âge,

ACTE III, SCÈNE III.

Que de mon fils la douloureuse image
Ne vienne alors, par un retour cruel,
Persécuter ce cœur trop paternel.
Mon fils est mort, ou vit dans la misère,
Dans la débauche, et fait honte à son père.
De tous côtés je suis bien malheureux !
J'ai deux enfants, ils m'accablent tous deux :
L'un par sa perte, et par sa vie infame,
Fait mon supplice, et déchire mon ame ;
L'autre en abuse ; il sent trop que sur lui
De mes vieux ans j'ai fondé tout l'appui.
Pour moi la vie est un poids qui m'accable.
(Apercevant Jasmin qui le salue.)
Que me veux-tu, l'ami ?

JASMIN.

Seigneur aimable,
Reconnaissez, digne et noble Euphémon,
Certain Jasmin élevé chez Rondon.

EUPHÉMON.

Ah, ah ! c'est toi ? Le temps change un visage,
Et mon front chauve en sent le long outrage.
Quand tu partis, tu me vis encor frais ;
Mais l'âge avance, et le terme est bien près.
Tu reviens donc enfin dans ta patrie ?

JASMIN.

Oui, je suis las de tourmenter ma vie,
De vivre errant et damné comme un juif :
Le bonheur semble un être fugitif :
Le diable enfin, qui toujours me promène,
Me fit partir ; le diable me ramène.

EUPHÉMON.

Je t'aiderai : sois sage, si tu peux.
Mais quel était cet autre malheureux
Qui te parlait dans cette promenade,
Qui s'est enfui?

JASMIN.

Mais... c'est mon camarade,
Un pauvre hère, affamé comme moi,
Qui, n'ayant rien, cherche aussi de l'emploi.

EUPHÉMON.

On peut tous deux vous occuper peut-être.
A-t-il des mœurs? est-il sage?

JASMIN.

Il doit l'être :
Je lui connais d'assez bons sentiments :
Il a de plus de fort jolis talents;
Il sait écrire, il sait l'arithmétique,
Dessine un peu, sait un peu de musique :
Ce drôle-là fut très-bien élevé.

EUPHÉMON.

S'il est ainsi, son poste est tout trouvé;
Jasmin, mon fils deviendra votre maître;
Il se marie, et dès ce soir peut-être :
Avec son bien son train doit augmenter.
Un de ses gens qui vient de le quitter,
Nous laisse encore une place vacante;
Tous deux ce soir il faut qu'on vous présente;
Vous le verrez chez Rondon mon voisin :
J'en parlerai. J'y vais, adieu, Jasmin :
En attendant, tiens, voici de quoi boire.

SCÈNE IV.

JASMIN, *seul.*

Ah! l'honnête homme! ô Ciel! pourrait-on croire
Qu'il soit encore, en ce siècle félon,
Un cœur si droit, un mortel aussi bon?
Cet air, ce port, cette ame bienfaisante,
Du bon vieux temps est l'image parlante.

SCÈNE V.

EUPHÉMON FILS, *revenant,* JASMIN.

JASMIN, *en l'embrassant.*

Je t'ai trouvé déjà condition,
Et nous serons laquais chez Euphémon.
EUPHÉMON fils.
Ah!
JASMIN.
S'il te plaît, quel excès de surprise?
Pourquoi ces yeux de gens qu'on exorcise,
Et ces sanglots coup sur coup redoublés,
Pressant tes mots au passage étranglés?
EUPHÉMON fils.
Ah! je ne puis contenir ma tendresse;
Je cède au trouble, au remords qui me presse.
JASMIN.
Qu'a-t-elle dit qui t'ait tant agité?
EUPHÉMON fils.
Elle m'a dit... Je n'ai rien écouté.
JASMIN.
Qu'avez-vous donc?

EUPHÉMON fils.

Mon cœur ne peut se taire :
Cet Euphémon...

JASMIN.

Eh bien ?

EUPHÉMON fils.

Ah !... c'est mon père.

JASMIN.

Qui ? lui, Monsieur ?

EUPHÉMON fils.

Oui, je suis cet aîné,
Ce criminel, et cet infortuné,
Qui désola sa famille éperdue.
Ah ! que mon cœur palpitait à sa vue !
Qu'il lui portait ses vœux humiliés !
Que j'étais près de tomber à ses pieds !

JASMIN.

Qui, vous, son fils ? Ah ! pardonnez, de grâce,
Ma familière et ridicule audace.
Pardon, Monsieur.

EUPHÉMON fils.

Va, mon cœur oppressé
Peut-il savoir si tu m'as offensé ?

JASMIN.

Vous êtes fils d'un homme qu'on admire,
D'un homme unique ; et, s'il faut tout vous dire,
D'Euphémon fils la réputation
Ne flaire pas à beaucoup près si bon.

ACTE III, SCÈNE V.

EUPHÉMON fils.

Et c'est aussi ce qui me désespère.
Mais réponds-moi : que te disait mon père?

JASMIN.

Moi, je disais que nous étions tous deux
Prêts à servir, bien élevés, très-gueux;
Et lui, plaignant nos destins sympathiques,
Nous recevait tous deux pour domestiques.
Il doit ce soir vous placer chez ce fils,
Ce président à Lise tant promis,
Ce président votre fortuné frère,
De qui Rondon doit être le beau-père.

EUPHÉMON fils.

Eh bien! il faut développer mon cœur :
Vois tous mes maux, connais leur profondeur.
S'être attiré, par un tissu de crimes,
D'un père aimé les fureurs légitimes,
Etre maudit, être déshérité,
Sentir l'horreur de la mendicité,
A mon cadet voir passer ma fortune,
Etre exposé, dans ma honte importune,
A le servir, quand il m'a tout ôté,
Voilà mon sort; je l'ai bien mérité.
Mais croirais-tu qu'au sein de la souffrance,
Mort aux plaisirs, et mort à l'espérance,
Haï du monde, et méprisé de tous,
N'attendant rien, j'ose être encor jaloux?

JASMIN.

Jaloux! de qui?

EUPHÉMON fils.
De mon frère, de Lise.
JASMIN.
Vous sentiriez un peu de convoitise
Pour votre sœur? Mais vraiment c'est un trait
Digne de vous; ce péché vous manquait.
EUPHÉMON fils.
Tu ne sais pas qu'au sortir de l'enfance,
(Car chez Rondon tu n'étais plus, je pense),
Par nos parents l'un à l'autre promis,
Nos cœurs étaient à leurs ordres soumis;
Tout nous liait, la conformité d'âge,
Celle des goûts, les jeux, le voisinage.
Plantés exprès, deux jeunes arbrisseaux
Croissent ainsi pour unir leurs rameaux.
Le temps, l'amour, qui hâtait sa jeunesse,
La fit plus belle, augmenta sa tendresse,
Tout l'univers alors m'eût envié :
Mais jeune, aveugle, à des méchants lié,
Qui de mon cœur corrompaient l'innocence,
Ivre de tout dans mon extravagance,
Je me faisais un lâche point d'honneur
De mépriser, d'insulter son ardeur.
Le croirais-tu? je l'accablai d'outrages.
Quels temps, hélas! Les violents orages
Des passions qui troublaient mon destin,
A mes parents m'arrachèrent enfin.
Tu sais depuis quel fut mon sort funeste.
J'ai tout perdu; mon amour seul me reste.

Le Ciel, ce Ciel qui doit nous désunir,
Me laisse un cœur, et c'est pour me punir.
JASMIN.
S'il est ainsi, si dans votre misère
Vous la r'aimez, n'ayant pas mieux à faire,
De Croupillac le conseil était bon,
De vous fourrer, s'il se peut, chez Rondon.
Le sort maudit épuisa votre bourse;
L'amour pourrait vous servir de ressource.
EUPHÉMON fils.
Moi, l'oser voir! moi, m'offrir à ses yeux,
Après mon crime, en cet état hideux!
Il me faut fuir un père, une maîtresse;
J'ai de tous deux outragé la tendresse;
Et je ne sais, ô regrets superflus!
Lequel des deux doit me haïr le plus.

SCÈNE VI.

EUPHÉMON fils, FIERENFAT, JASMIN.

JASMIN.
Voilà, je crois, ce président si sage.
EUPHÉMON fils.
Lui? je n'avais jamais vu son visage.
Quoi! c'est donc lui, mon frère, mon rival?
FIERENFAT.
En vérité, cela ne va pas mal;
J'ai tant pressé, tant surmonté * mon père,
Que malgré lui nous finissons l'affaire.

---

* Des éditions portent *sermonné*.

(*En voyant Jasmin.*)
Où sont ces gens qui voulaient me servir?

JASMIN.

C'est nous, Monsieur; nous venions nous offrir
Très-humblement.

FIERENFAT.

Qui de vous deux sait lire?

JASMIN.

C'est lui, Monsieur.

FIERENFAT.

Il sait sans doute écrire?

JASMIN.

Oh! oui, Monsieur, déchiffrer, calculer.

FIERENFAT.

Mais il devrait savoir aussi parler.

JASMIN.

Il est timide, et sort de maladie.

FIERENFAT.

Il a pourtant la mine assez hardie;
Il me paraît qu'il sent assez son bien.
Combien veux-tu gagner de gages?

EUPHÉMON fils.

Rien.

JASMIN.

Oh! nous avons, Monsieur, l'ame héroïque.

FIERENFAT.

A ce prix-là, viens, sois mon domestique;
C'est un marché que je veux accepter :
Viens, à ma femme il faut te présenter.

ACTE III, SCÈNE VI.

EUPHÉMON fils.

A votre femme?

FIERENFAT.

Oui, oui, je me marie.

EUPHÉMON fils.

Quand?

FIERENFAT.

Dès ce soir.

EUPHÉMON fils.

Ciel!... Monsieur, je vous prie,
De cet objet vous êtes donc charmé?

FIERENFAT.

Oui.

EUPHÉMON fils.

Monsieur!

FIERENFAT.

Hem!

EUPHÉMON fils.

En seriez-vous aimé?

FIERENFAT.

Oui. Vous semblez bien curieux, mon drôle!

EUPHÉMON fils.

Que je voudrais lui couper la parole,
Et le punir de son trop de bonheur!

FIERENFAT.

Qu'est-ce qu'il dit?

JASMIN.

Il dit que de grand cœur
Il voudrait bien vous ressembler et plaire.

FIERENFAT.

Eh! je le crois; mon homme est téméraire.
Çà, qu'on me suive, et qu'on soit diligent,
Sobre, frugal, soigneux, adroit, prudent,
Respectueux; allons, la Fleur, la Brie,
Venez, faquins.

EUPHÉMON fils.

Il me prend une envie;
C'est d'affubler sa face de palais,
A poing fermé, de deux larges soufflets.

JASMIN.

Vous n'êtes pas trop corrigé, mon maître.

EUPHÉMON fils.

Ah! soyons sage; il est bien temps de l'être.
Le fruit au moins que je dois recueillir
De tant d'erreurs, est de savoir souffrir.

FIN DU TROISIÈME ACTE.

ACTE QUATRIÈME.

SCÈNE I.

MADAME CROUPILLAC, EUPHÉMON fils, JASMIN.

MADAME CROUPILLAC.

J'ai, mon très-cher, par prévoyance extrême,
Fait arriver deux huissiers d'Angoulême.
Et toi, t'es-tu servi de ton esprit?
As-tu bien fait tout ce que je t'ai dit?
Pourras-tu bien, d'un air de prud'homie,
Dans la maison semer la zizanie?
As-tu flatté le bon-homme Euphémon?
Parle : as-tu vu la future?

EUPHÉMON fils.

Hélas! non.

MADAME CROUPILLAC.

Comment?

EUPHÉMON fils.

Croyez que je me meurs d'envie
D'être à ses pieds.

MADAME CROUPILLAC.

Allons donc, je t'en prie,
Attaque-la pour me plaire, et rends-moi
Ce traître ingrat qui séduisit ma foi.
Je vais pour toi procéder en justice,
Et tu feras l'amour pour mon service.

Reprends cet air imposant et vainqueur,
Si sûr de soi, si puissant sur un cœur,
Qui triomphait sitôt de la sagesse.
Pour être heureux, reprends ta hardiesse.

EUPHÉMON fils.

Je l'ai perdue.

MADAME CROUPILLAC.

Eh quoi! quel embarras!

EUPHÉMON fils.

J'étais hardi lorsque je n'aimais pas.

JASMIN.

D'autres raisons l'intimident peut-être :
Ce Fierenfat est ma foi notre maître;
Pour ses valets il nous retient tous deux.

MADAME CROUPILLAC.

C'est fort bien fait, vous êtes trop heureux :
De sa maîtresse être le domestique,
Est un bonheur, un destin presque unique :
Profitez-en.

JASMIN.

Je vois certains attraits
S'acheminer pour prendre ici le frais;
De chez Rondon, me semble, elle est sortie.

MADAME CROUPILLAC.

Eh! sois donc vite amoureux, je t'en prie :
Voici le temps, ose un peu lui parler.
Quoi! je te vois soupirer et trembler!
Tu l'aimes donc? ah! mon cher, ah! de grâce!

EUPHÉMON fils.

Si vous saviez, hélas! ce qui se passe

ACTE IV, SCÈNE I.

Dans mon esprit interdit et confus,
Ce tremblement ne vous surprendrait plus.
JASMIN, *en voyant Lise.*
L'aimable enfant! comme elle est embellie!
EUPHÉMON fils.
C'est-elle; ô Dieux! je meurs de jalousie,
De désespoir, de remords et d'amour.
MADAME CROUPILLAC.
Adieu, je vais te servir à mon tour.
EUPHÉMON fils.
Si vous pouvez, faites que l'on diffère
Ce triste hymen.
MADAME CROUPILLAC.
C'est ce que je vais faire.
EUPHÉMON fils.
Je tremble, hélas!
JASMIN.
Il faut tâcher du moins
Que vous puissiez lui parler sans témoins.
Retirons-nous.
EUPHÉMON fils.
Oh! je te suis : j'ignore
Ce que j'ai fait, ce qu'il faut faire encore;
Je n'oserai jamais m'y présenter.

SCÈNE II.

LISE, MARTHE, JASMIN, *dans l'enfoncement*, EUPHÉMON fils,
plus reculé.

LISE.
J'ai beau me fuir, me chercher, m'éviter,
Rentrer, sortir, goûter la solitude,
Et de mon cœur faire en secret l'étude;
Plus j'y regarde, hélas! et plus je voi
Que le bonheur n'était pas fait pour moi.
Si quelque chose un moment me console,
C'est Croupillac, c'est cette vieille folle,
A mon hymen mettant empêchement.
Mais ce qui vient redoubler mon tourment,
C'est qu'en effet Fierenfat et mon père
En sont plus vifs à presser ma misère;
Ils ont gagné le bon homme Euphémon.
MARTHE.
En vérité ce vieillard est trop bon.
Ce Fierenfat est par trop tyrannique;
Il le gouverne.
LISE.
Il aime un fils unique;
Je lui pardonne : accablé du premier,
Au moins sur l'autre il cherche à s'appuyer.
MARTHE.
Mais après tout, malgré ce qu'on publie,
Il n'est pas sûr que l'autre soit sans vie.

ACTE IV, SCÈNE II.

LISE.

Hélas! il faut (quel funeste tourment!)
Le pleurer mort, ou le haïr vivant.

MARTHE.

De son danger cependant la nouvelle
Dans votre cœur mettait quelque étincelle.

LISE.

Ah! sans l'aimer on peut plaindre son sort.

MARTHE.

Mais n'être plus aimé, c'est être mort.
Vous allez donc être enfin à son frère?

LISE.

Ma chère enfant, ce mot me désespère.
Pour Fierenfat tu connais ma froideur;
L'aversion s'est changée en horreur :
C'est un breuvage affreux, plein d'amertume,
Que dans l'excès du mal qui me consume
Je me résous de prendre malgré moi,
Et que ma main rejette avec effroi.

JASMIN, *tirant Marthe par la robe.*

Puis-je en secret, ô gentille merveille!
Vous dire ici quatre mots à l'oreille?

MARTHE, *à Jasmin.*

Très-volontiers.

LISE, *à part.*

O sort! pourquoi faut-il
Que de mes jours tu respectes le fil,
Lorsqu'un ingrat, un amant si coupable,
Rendit ma vie, hélas! si misérable!

MARTHE, *venant à Lise.*

C'est un des gens de votre président ;
Il est à lui, dit-il, nouvellement :
Il voudrait bien vous parler.

LISE.

Qu'il attende.

MARTHE, *à Jasmin.*

Mon cher ami, madame vous commande
D'attendre un peu.

LISE.

Quoi ! toujours m'excéder !
Et même absent en tous lieux m'obséder !
De mon hymen que je suis déjà lasse !

JASMIN, *à Marthe.*

Ma belle enfant, obtiens-nous cette grâce.

MARTHE, *revenant.*

Absolument il prétend vous parler.

LISE.

Ah ! je vois bien qu'il faut nous en aller.

MARTHE.

Ce quelqu'un-là veut vous voir tout-à-l'heure ;
Il faut, dit-il, qu'il vous parle ou qu'il meure.

LISE.

Rentrons donc vîte, et courons me cacher.

SCÈNE III.

LISE, MARTHE, EUPHÉMON fils, *s'appuyant sur* JASMIN.

EUPHÉMON fils.

La voix me manque, et je ne puis marcher;
Mes faibles yeux sont couverts d'un nuage.

JASMIN.

Donnez la main : venons sur son passage.

EUPHÉMON fils.

Un froid mortel a passé dans mon cœur.
(*A Lise.*)
Souffrirez-vous?...

LISE, *sans le regarder.*

Que voulez-vous, Monsieur?

EUPHÉMON fils, *se jetant à genoux.*

Ce que je veux? la mort que je mérite.

LISE.

Que vois-je? ô Ciel!

MARTHE.

Quelle étrange visite!
C'est Euphémon! Grand Dieu! qu'il est changé!

EUPHÉMON fils.

Oui, je le suis, votre cœur est vengé;
Oui, vous devez en tout me méconnaître :
Je ne suis plus ce furieux, ce traître,
Si détesté, si craint dans ce séjour,
Qui fit rougir la nature et l'amour.
Jeune égaré, j'avais tous les caprices :
De mes amis j'avais pris tous les vices;
Et le plus grand, qui ne peut s'effacer,

Le plus affreux, fut de vous offenser.
J'ai reconnu, j'en jure par vous-même,
Par la vertu que j'ai fui*, mais que j'aime,
J'ai reconnu ma détestable erreur;
Le vice était étranger dans mon cœur.
Ce cœur n'a plus les taches criminelles
Dont il couvrit ses clartés naturelles;
Mon feu pour vous, ce feu saint et sacré,
Y reste seul; il a tout épuré.
C'est cet amour, c'est lui qui me ramène,
Non pour briser votre nouvelle chaîne,
Non pour oser traverser vos destins;
Un malheureux n'a pas de tels desseins :
Mais quand les maux où mon esprit succombe
Dans mes beaux jours avaient creusé ma tombe,
A peine encore échappé du trépas,
Je suis venu; l'amour guidait mes pas.
Oui, je vous cherche à mon heure dernière.
Heureux cent fois en quittant la lumière,
Si, destiné pour être votre époux,
Je meurs au moins sans être haï de vous!

LISE.

Je suis à peine en mon sens revenue.
C'est vous, ô Ciel! vous qui cherchez ma vue!
Dans quel état! quel jour!... Ah malheureux!
Que vous avez fait de tort à tous deux!

EUPHÉMON fils.

Oui, je le sais : mes excès, que j'abhorre,
En vous voyant, semblent plus grands encore :

---

* La grammaire demanderait, *fuie*.

ACTE IV, SCÈNE III.

Ils sont affreux, et vous les connaissez ;
J'en suis puni, mais point encore assez.

LISE.

Est-il bien vrai, malheureux que vous êtes !
Qu'enfin domptant vos fougues indiscrètes,
Dans votre cœur, en effet combattu,
Tant d'infortune ait produit la vertu ?

EUPHÉMON fils.

Qu'importe, hélas ! que la vertu m'éclaire ?
Ah ! j'ai trop tard aperçu sa lumière ;
Trop vainement mon cœur en est épris :
De la vertu je perds en vous le prix.

LISE.

Mais, répondez, Euphémon, puis-je croire
Que vous avez gagné cette victoire ?
Consultez-vous ; ne trompez point mes vœux :
Seriez-vous bien et sage et vertueux ?

EUPHÉMON fils.

Oui, je le suis ; car mon cœur vous adore.

LISE.

Vous, Euphémon ! vous m'aimeriez encore ?

EUPHÉMON fils.

Si je vous aime ? hélas ! je n'ai vécu
Que par l'amour, qui seul m'a soutenu.
J'ai tout souffert, tout jusqu'à l'infamie.
Ma main cent fois allait trancher ma vie :
Je respectai les maux qui m'accablaient ;
J'aimai mes jours, ils vous appartenaient.
Oui, je vous dois mes sentiments, mon être,
Ces jours nouveaux qui me luiront peut-être.

De ma raison je vous dois le retour,
Si j'en conserve avec autant d'amour.
Ne cachez point à mes yeux pleins de larmes
Ce front serein, brillant de nouveaux charmes :
Regardez-moi, tout changé que je suis ;
Voyez l'effet de mes cruels ennuis.
De longs remords, une horrible tristesse,
Sur mon visage ont flétri la jeunesse.
Je fus peut-être autrefois moins affreux ;
Mais voyez-moi, c'est tout ce que je veux.

LISE.

Si je vous vois constant et raisonnable,
C'en est assez, je vous vois trop aimable.

EUPHÉMON fils.

Que dites-vous? Juste Ciel! vous pleurez?

LISE, à Marthe.

Ah! soutiens-moi, mes sens sont égarés.
Moi, je serais l'épouse de son frère?...
N'avez-vous point vu déjà votre père?

EUPHÉMON fils.

Mon front rougit; il ne s'est point montré
A ce vieillard que j'ai déshonoré.
Haï de lui, proscrit sans espérance,
J'ose l'aimer; mais je fuis sa présence.

LISE.

Eh! quel est donc votre projet enfin?

EUPHÉMON fils.

Si de mes jours Dieu recule la fin,
Si votre sort vous attache à mon frère,
Je vais chercher le trépas à la guerre ;

ACTE IV, SCÈNE III.

Changeant de nom aussi-bien que d'état,
Avec honneur je servirai soldat.
Peut-être un jour le bonheur de mes armes
Fera ma gloire, et m'obtiendra vos larmes.
Par ce métier l'honneur n'est point blessé;
Rose et Fabert ont ainsi commencé.

LISE.

Ce désespoir est d'une ame bien haute,
Il est d'un cœur au-dessus de sa faute;
Ces sentiments me touchent encor plus
Que vos pleurs même à mes pieds répandus.
Non, Euphémon, si de moi je dispose,
Si je peux fuir l'hymen qu'on me propose,
De votre sort si je puis prendre soin,
Pour le changer vous n'irez pas si loin.

EUPHÉMON fils.

O Ciel! mes maux ont attendri votre ame!

LISE.

Ils me touchaient : votre remords m'enflamme.

EUPHÉMON fils.

Quoi! vos beaux yeux, si long-temps courroucés,
Avec amour sur les miens sont baissés!
Vous rallumez ces feux si légitimes,
Ces feux sacrés qu'avaient éteints mes crimes.
Ah! si mon frère, aux trésors attaché,
Garde mon bien à mon père arraché,
S'il engloutit à jamais l'héritage
Dont la nature avait fait mon partage,
Qu'il porte envie à ma félicité;
Je vous suis cher : il est déshérité.

Ah! je mourrai de l'excès de ma joie.
MARTHE.
Ma foi, c'est lui qu'ici le diable envoie.
LISE.
Contraignez donc ces soupirs enflammés.
Dissimulez.
EUPHÉMON fils.
Pourquoi, si vous m'aimez?
LISE.
Ah! redoutez mes parents, votre père :
Nous ne pouvons cacher à votre frère
Que vous avez embrassé mes genoux;
Laissez-le au moins ignorer que c'est vous.
MARTHE.
Je ris déjà de sa grave colère.

SCÈNE IV.

LISE, EUPHÉMON fils, MARTHE, JASMIN, FIERENFAT, *dans le fond; pendant qu'Euphémon lui tourne le dos.*

FIERENFAT.
Ou quelque diable a troublé ma visière,
Ou si mon œil est toujours clair et net,
Je suis... j'ai vu... je le suis... j'ai mon fait.
(*En avançant vers Euphémon.*)
Ah! c'est donc toi, traître, impudent, faussaire!
EUPHÉMON fils, *en colère.*
Je...
JASMIN, *se mettant entre eux.*
C'est, Monsieur, une importante affaire,

ACTE IV, SCÈNE IV.

Qui se traitait, et que vous dérangez,
Ce sont deux cœurs en peu de temps changés;
C'est du respect, de la reconnaissance,
De la vertu... Je m'y perds quand j'y pense.

FIERENFAT.

De la vertu? Quoi! lui baiser la main!
De la vertu? scélérat!

EUPHÉMON fils.

Ah! Jasmin,
Que, si j'osais...

FIERENFAT.

Non, tout ceci m'assomme :
Si c'eût été du moins un gentilhomme!
Mais un valet, un gueux contre lequel,
En intentant un procès criminel,
C'est de l'argent que je perdrai peut-être.

LISE, *à Euphémon.*

Contraignez-vous, si vous m'aimez.

FIERENFAT.

Ah! traître!
Je te ferai pendre ici, sur ma foi.
(*A Marthe.*)
Tu ris, coquine?

MARTHE.

Oui, Monsieur.

FIERENFAT.

Et pourquoi?
De quoi ris-tu?

MARTHE.

Mais, Monsieur, de la chose...

FIERENFAT.

Tu ne sais pas à quoi ceci t'expose,
Ma bonne amie, et ce qu'au nom du roi
On fait parfois aux filles comme toi.

MARTHE.

Pardonnez-moi, je le sais à merveilles.

FIERENFAT, *à Lise.*

Et vous semblez vous boucher les oreilles,
Vous, infidèle, avec votre air sucré,
Qui m'avez fait ce tour prématuré;
De votre cœur l'inconstance est précoce.
Un jour d'hymen! une heure avant la noce!
Voilà, ma foi, de votre probité!

LISE.

Calmez, Monsieur, votre esprit irrité :
Il ne faut pas, sur la simple apparence,
Légèrement condamner l'innocence.

FIERENFAT.

Quelle innocence!

LISE.

Oui, quand vous connaîtrez
Mes sentiments, vous les estimerez.

FIERENFAT.

Plaisant chemin pour avoir de l'estime!

EUPHÉMON fils.

Oh! c'en est trop.

LISE, *à Euphémon.*

Quel courroux vous anime?
Eh! réprimez...

ACTE IV, SCÈNE IV.

EUPHÉMON fils.

Non, je ne puis souffrir
Que d'un reproche il ose vous couvrir.

FIERENFAT.

Savez-vous bien que l'on perd son douaire,
Son bien, sa dot, quand...

EUPHÉMON fils, *en colère, et mettant la main sur la garde de son épée.*

Savez-vous vous taire?

LISE.

Eh! modérez...

EUPHÉMON fils.

Monsieur le président,
Prenez un air un peu moins imposant,
Moins fier, moins haut, moins juge; car madame
N'a pas l'honneur d'être encor votre femme;
Elle n'est point votre maîtresse aussi.
Eh! pourquoi donc gronder de tout ceci?
Vos droits sont nuls; il faut avoir su plaire
Pour obtenir le droit d'être en colère.
De tels appas n'étaient pas faits pour vous;
Il vous sied mal d'oser être jaloux.
Madame est bonne, et fait grâce à mon zèle :
Imitez-la; soyez aussi bon qu'elle.

FIERENFAT, *en posture de se battre.*

Je n'y puis plus tenir. A moi, mes gens!

EUPHÉMON fils.

Comment?

FIERENFAT.

Allez me chercher des sergents.

LISE, *à Euphémon fils.*

Retirez-vous.

FIERENFAT.

Je te ferai connaître
Ce que l'on doit de respect à son maître,
A mon état, à ma robe.

EUPHÉMON fils.

Observez
Ce qu'à Madame ici vous en devez;
Et quant à moi, quoi qu'il puisse en paraître,
C'est vous, Monsieur, qui m'en devez peut-être.

FIERENFAT.

Moi... moi?

EUPHÉMON fils.

Vous... vous.

FIERENFAT.

Ce drôle est bien osé.
C'est quelque amant en valet déguisé.
Qui donc es-tu? réponds-moi.

EUPHÉMON fils.

Je l'ignore;
Ma destinée est incertaine encore;
Mon sort, mon rang, mon état, mon bonheur,
Mon être enfin, tout dépend de son cœur,
De ses regards, de sa bonté propice.

FIERENFAT.

Il dépendra bientôt de la justice.
Je t'en réponds; va, va, je cours hâter
Tous mes recors, et vite instrumenter.

(*A Lise.*)

Allez, perfide, et craignez ma colère ;
J'amènerai vos parents, votre père ;
Votre innocence en son jour paraîtra,
Et comme il faut on vous estimera.

SCÈNE V.

LISE, EUPHÉMON fils, MARTHE.

LISE.

Eh ! cachez-vous, de grâce, rentrons vite ;
De tout ceci je crains pour nous la suite.
Si votre père apprenait que c'est vous,
Rien ne pourrait apaiser son courroux :
Il penserait qu'une fureur nouvelle,
Pour l'insulter, en ces lieux vous rappelle ;
Que vous venez entre nos deux maisons
Porter le trouble et les divisions ;
Et l'on pourrait, pour ce nouvel esclandre,
Vous enfermer, hélas ! sans vous entendre.

MARTHE.

Laissez-moi donc le soin de le cacher.
Soyez-en sûre, on aura beau chercher.

LISE.

Allez, croyez qu'il est très-nécessaire
Que j'adoucisse en secret votre père.
De la nature il faut que le retour
Soit, s'il se peut, l'ouvrage de l'amour.

(*A Marthe.*)

Cachez-vous bien. Prends soin qu'il ne paraisse.
Eh ! va donc vite.

SCÈNE VI.

RONDON, LISE.

RONDON.

Eh bien! ma Lise, qu'est-ce?
Je te cherchais, et ton époux aussi.

LISE.

Il ne l'est pas, que je crois, Dieu merci!

RONDON.

Où vas-tu donc?

LISE.

Monsieur, la bienséance
M'oblige encor d'éviter sa présence.

(*Elle sort.*)

RONDON.

Ce président est donc bien dangereux!
Je voudrais être incognito près d'eux;
Là... voir un peu quelle plaisante mine
Font deux amants qu'à l'hymen on destine.

SCÈNE VII.

FIERENFAT, RONDON, SERGENTS.

FIERENFAT.

Ah! les fripons; ils sont fins et subtils.
Où les trouver? où sont-ils? où sont-ils?
Où cachent-ils ma honte et leur fredaine?

RONDON.

Ta gravité me semble hors d'haleine.

ACTE IV, SCÈNE VII.

Que prétends-tu? que cherches-tu? qu'as-tu?
Que t'a-t-on fait?

FIERENFAT.

J'ai... qu'on m'a fait cocu.

RONDON.

Cocu! tudieu! prends garde, arrête, observe.

FIERENFAT.

Oui, oui, ma femme. Allez, Dieu me préserve
De lui donner le nom que je lui dois :
Je suis cocu, malgré toutes les lois.

RONDON.

Mon gendre!

FIERENFAT.

Hélas! il est trop vrai, beau-père.

RONDON.

Eh quoi! la chose...

FIERENFAT.

Oh! la chose est fort claire.

RONDON.

Vous me poussez.

FIERENFAT.

C'est moi qu'on pousse à bout.

RONDON.

Si je croyais...

FIERENFAT.

Vous pouvez croire tout.

RONDON.

Mais plus j'entends, moins je comprends, mon gendre.

FIERENFAT.

Mon fait pourtant est facile à comprendre.

RONDON.

S'il était vrai, devant tous mes voisins
J'étranglerais ma Lise de mes mains.

FIERENFAT.

Etranglez donc, car la chose est prouvée.

RONDON.

Mais en effet ici je l'ai trouvée
La voix éteinte et le regard baissé :
Elle avait l'air timide, embarrassé.
Mon gendre, allons, surprenons la pendarde;
Voyons le cas; car l'honneur me poignarde.
Tudieu, l'honneur! Oh! voyez-vous? Rondon,
En fait d'honneur, n'entend jamais raison.

FIN DU QUATRIÈME ACTE.

ACTE CINQUIÈME.

SCÈNE I.

LISE, MARTHE.

LISE.

Ah! je me sauve à peine entre tes bras.
Que de danger! quel horrible embarras!
Faut-il qu'une ame aussi tendre, aussi pure,
D'un tel soupçon souffre un moment l'injure!
Cher Euphémon, cher et funeste amant,
Es-tu donc né pour faire mon tourment!
A ton départ tu m'arrachas la vie;
Et ton retour m'expose à l'infamie.
 (*A Marthe.*)
Prends garde au moins; car on cherche partout.

MARTHE.

J'ai mis, je crois, tous mes chercheurs à bout.
Nous braverons le greffe et l'écritoire,
Certains recoins, chez moi, dans mon armoire,
Pour mon usage en secret pratiqués,
Par ces furets ne sont point remarqués.
Là, votre amant se tapit, se dérobe
Aux yeux hagards des noirs pédants en robe;
Je les ai tous fait courir comme il faut,
Et de ces chiens la meute est en défaut.

SCÈNE II.

LISE, MARTHE, JASMIN.

LISE.

Eh bien! Jasmin, qu'a-t-on fait?

JASMIN.

Avec gloire
J'ai soutenu mon interrogatoire;
Tel qu'un fripon blanchi dans le métier,
J'ai répondu sans jamais m'effrayer.
L'un vous traînait sa voix de pédagogue;
L'autre braillait d'un ton cas *, d'un air rogue,
Tandis qu'un autre, avec un ton flûté,
Disait, mon fils, sachons la vérité.
Moi toujours ferme, et toujours laconique,
Je rembarrais la troupe scolastique.

LISE.

On ne sait rien?

JASMIN.

Non, rien; mais dès demain
On saura tout; car tout se sait enfin.

LISE.

Ah! que du moins Fierenfat en colère
N'ait pas le temps de prévenir son père :
Je tremble encore, et tout accroît ma peur;
Je crains pour lui, je crains pour mon honneur.
Dans mon amour j'ai mis mes espérances;
Il m'aidera...

* *D'une voix cassée.*

MARTHE.

Moi, je suis dans des transes
Que tout ceci ne soit cruel pour vous;
Car nous avons deux pères contre nous,
Un président, les bégueules, les prudes.
Si vous saviez quels airs hautains et rudes,
Quel ton sévère, et quel sourcil froncé,
De leur vertu le faste rehaussé
Prend contre vous; avec quelle insolence
Leur âcreté poursuit votre innocence;
Leurs cris, leur zèle et leur sainte fureur
Vous feraient rire, ou vous feraient horreur.

JASMIN.

J'ai voyagé, j'ai vu du tintamarre;
Je n'ai jamais vu semblable bagarre;
Tout le logis est sens dessus dessous.
Ah! que les gens sont sots, méchants et fous!
On vous accuse, on augmente, on murmure;
En cent façons on conte l'aventure.
Les violons sont déjà renvoyés,
Tout interdits, sans boire, et point payés.
Pour le festin six tables bien dressées
Dans ce tumulte ont été renversées.
Le peuple accourt, le laquais boit et rit;
Et Rondon jure, et Fierenfat écrit.

LISE.

Et d'Euphémon le père respectable,
Que fait-il donc dans ce trouble effroyable?

MARTHE.

Madame, on voit sur son front éperdu

Cette douleur qui sied à la vertu ;
Il lève au ciel les yeux ; il ne peut croire
Que vous ayez d'une tache si noire
Souillé l'honneur de vos jours innocents :
Par des raisons il combat vos parents.
Enfin, surpris des preuves qu'on lui donne,
Il en gémit, et dit que sur personne
Il ne faudra s'assurer désormais,
Si cette tache a flétri vos attraits.

LISE.

Que ce vieillard m'inspire de tendresse !

MARTHE.

Voici Rondon, vieillard d'une autre espèce.
Fuyons, Madame.

LISE.

Ah ! gardons-nous-en bien ;
Mon cœur est pur, il ne doit craindre rien.

JASMIN.

Moi, je crains donc.

SCÈNE III.

LISE, MARTHE, RONDON.

RONDON.

Matoise, mijaurée !
Fille pressée, ame dénaturée !
Ah ! Lise, Lise, allons, je veux savoir
Tous les entours de ce procédé noir.
Çà, depuis quand connais-tu le corsaire ?
Son nom, son rang ? comment t'a-t-il su plaire ?

ACTE V, SCÈNE III.

De ses méfaits je veux savoir le fil.
D'où nous vient-il? en quel endroit est-il?
Réponds, réponds : tu ris de ma colère!
Tu ne meurs pas de honte?

LISE.

Non, mon père.

RONDON.

Encor des *non?* toujours ce chien de ton :
Et toujours *non*, quand on parle à Rondon!
La négative est pour moi trop suspecte :
Quand on a tort, il faut qu'on me respecte,
Que l'on me craigne, et qu'on sache obéir.

LISE.

Oui, je suis prête à vous tout découvrir.

RONDON.

Ah! c'est parler cela : quand je menace,
On est petit...

LISE.

Je ne veux qu'une grâce,
C'est qu'Euphémon daignât* auparavant
Seul en ce lieu me parler un moment.

RONDON.

Euphémon? bon! Eh! que pourra-t-il faire?
C'est à moi seul qu'il faut parler.

LISE.

Mon père,
J'ai des secrets qu'il faut lui confier;
Pour votre honneur daignez me l'envoyer;
Daignez... c'est tout ce que je puis vous dire.

---

* Grammaticalement, il faudrait, *daigne*.

RONDON.

A sa demande encor faut-il souscrire;
A ce bon-homme elle veut s'expliquer;
On peut fort bien souffrir, sans rien risquer,
Qu'en confidence elle lui parle seule;
Puis sur-le-champ je cloître ma bégueule.

SCÈNE IV.

LISE, MARTHE.

LISE.

Digne Euphémon, pourrai-je te toucher?
Mon cœur de moi semble se détacher.
J'attends ici mon trépas ou ma vie.
(*A Marthe.*)
Ecoute un peu.

(*Elle lui parle à l'oreille.*)

MARTHE.

Vous serez obéie.

SCÈNE V.

EUPHÉMON père, LISE.

LISE.

Un siège... Hélas!... Monsieur, asseyez-vous,
Et permettez que je parle à genoux.

EUPHÉMON, *l'empêchant de se mettre à genoux.*
Vous m'outragez.

LISE.

Non, mon cœur vous révère;
Je vous regarde à jamais comme un père.

ACTE V, SCÈNE V.

EUPHÉMON père.

Qui, vous ma fille?

LISE.

Oui, j'ose me flatter
Que c'est un nom que j'ai su mériter.

EUPHÉMON père.

Après l'éclat et la triste aventure
Qui de nos nœuds a causé la rupture!

LISE.

Soyez mon juge, et lisez dans mon cœur;
Mon juge enfin sera mon protecteur.
Ecoutez-moi; vous allez reconnaître
Mes sentiments, et les vôtres peut-être.

(*Elle prend un siège à côté de lui.*)

Si votre cœur avait été lié
Par la plus tendre et plus pure amitié,
A quelque objet, de qui l'aimable enfance
Donna d'abord la plus belle espérance,
Et qui brilla dans son heureux printemps,
Croissant en grâce, en mérite, en talents;
Si quelque temps sa jeunesse abusée,
Des vains plaisirs suivant la pente aisée,
Au feu de l'âge avait sacrifié
Tous ses devoirs, et même l'amitié...

EUPHÉMON père.

Eh bien?

LISE.

Monsieur, si son expérience
Eût reconnu la triste jouissance
De ces faux biens, objets de ses transports,

Nés de l'erreur, et suivis des remords;
Honteux enfin de sa folle conduite,
Si sa raison, par le malheur instruite,
De ses vertus rallumant le flambeau,
Le ramenait avec un cœur nouveau;
Ou que plutôt, honnête homme et fidèle,
Il eût repris sa forme naturelle,
Pourriez-vous bien lui fermer aujourd'hui
L'accès d'un cœur qui fut ouvert pour lui?

EUPHÉMON père.

De ce portrait que voulez-vous conclure?
Et quel rapport a-t-il à mon injure?
Le malheureux qu'à vos pieds on a vu
Est un jeune homme en ces lieux inconnu;
Et cette veuve, ici, dit elle-même
Qu'elle l'a vu six mois dans Angoulême:
Un autre dit que c'est un effronté,
D'amours obscurs follement entêté;
Et j'avoûrai que ce portrait redouble
L'étonnement et l'horreur qui me trouble.

LISE.

Hélas! Monsieur, quand vous aurez appris
Tout ce qu'il est, vous serez plus surpris.
De grâce, un mot : votre ame est noble et belle;
La cruauté n'est pas faite pour elle :
N'est-il pas vrai qu'Euphémon votre fils
Fut long-temps cher à vos yeux attendris?

EUPHÉMON père.

Oui, je l'avoue, et ses lâches offenses
Ont d'autant mieux mérité mes vengeances :

ACTE V, SCÈNE V.

J'ai plaint sa mort, j'avais plaint ses malheurs ;
Mais la nature, au milieu de mes pleurs,
Aurait laissé ma raison saine et pure
De ses excès punir sur lui l'injure.

LISE.

Vous ! vous pourriez à jamais le punir,
Sentir toujours le malheur de haïr,
Et repousser encore avec outrage
Ce fils changé, devenu votre image,
Qui de ses pleurs arroserait vos pieds.
Le pourriez-vous ?

EUPHÉMON père.

        Hélas ! vous oubliez
Qu'il ne faut point, par de nouveaux supplices,
De ma blessure ouvrir les cicatrices.
Mon fils est mort, ou mon fils, loin d'ici,
Est dans le crime à jamais endurci.
De la vertu s'il eût repris la trace,
Viendrait-il pas me demander sa grâce ?

LISE.

La demander ! sans doute il y viendra :
Vous l'entendrez ; il vous attendrira.

EUPHÉMON père.

Que dites-vous ?

LISE.

        Oui, si la mort trop prompte
N'a pas fini sa douleur et sa honte,
Peut-être ici vous le verrez mourir
A vos genoux d'excès de repentir.

EUPHÉMON père.

Vous sentez trop quel est mon trouble extrême.
Mon fils vivrait!

LISE.

S'il respire, il vous aime.

EUPHÉMON père.

Ah! s'il m'aimait! mais quelle vaine erreur!
Comment? de qui l'apprendre?

LISE.

De son cœur.

EUPHÉMON père.

Mais sauriez-vous...

LISE.

Sur tout ce qui le touche
La vérité vous parle par ma bouche.

EUPHÉMON père.

Non, non, c'est trop me tenir en suspens;
Ayez pitié du déclin de mes ans :
J'espère encore, et je suis plein d'alarmes.
J'aimai mon fils; jugez-en par mes larmes.
Ah! s'il vivait, s'il était vertueux!
Expliquez-vous; parlez-moi.

LISE.

Je le veux *.
Il en est temps, il faut vous satisfaire.

(*Elle fait quelques pas, et s'adresse à Euphémon fils, qui est dans la coulisse.*)

Venez enfin.

---

* Voyez les Variantes à la fin de la Pièce.

SCÈNE VI.

EUPHÉMON père, EUPHÉMON fils, LISE.

EUPHÉMON père.
Que vois-je? ô ciel!
EUPHÉMON fils, *aux pieds de son père.*
Mon père,
Connaissez-moi; décidez de mon sort.
J'attends d'un mot ou la vie ou la mort.
EUPHÉMON père.
Ah! qui t'amène en cette conjoncture?
EUPHÉMON fils.
Le repentir, l'amour et la nature.
LISE, *se mettant aussi à genoux.*
A vos genoux vous voyez vos enfants;
Oui, nous avons les mêmes sentiments,
Le même cœur...
EUPHÉMON fils, *en montrant Lise.*
Hélas! son indulgence
De mes fureurs a pardonné l'offense;
Suivez, suivez, pour cet infortuné,
L'exemple heureux que l'amour a donné.
Je n'espérais, dans ma douleur mortelle,
Que d'expirer aimé de vous et d'elle;
Et si je vis, ah! c'est pour mériter
Ces sentiments dont j'ose me flatter.
D'un malheureux vous détournez la vue!
De quels transports votre ame est-elle émue?
Est-ce la haine? Et ce fils condamné...

EUPHÉMON père, *se levant et l'embrassant.*
C'est la tendresse, et tout est pardonné,
Si la vertu règne enfin dans ton ame :
Je suis ton père.

LISE.
Et j'ose être sa femme.
J'étais à lui : permettez qu'à vos pieds
Nos premiers nœuds soient enfin renoués.
Non, ce n'est pas votre bien qu'il demande :
D'un cœur plus pur il vous porte l'offrande,
Il ne veut rien; et s'il est vertueux,
Tout ce que j'ai suffira pour nous deux.

SCÈNE VII.

LES PRÉCÉDENTS, RONDON, MADAME CROUPILLAC, FIERENFAT, RECORS, SUITE.

FIERENFAT.
Ah! le voici qui parle encore à Lise.
Prenons notre homme hardiment par surprise;
Montrons un cœur au-dessus du commun.

RONDON.
Soyons hardis; nous sommes six contre un.

LISE, *à Rondon.*
Ouvrez les yeux, et connaissez qui j'aime.

RONDON.
C'est lui.

FIERENFAT.
Qui donc?

ACTE V, SCÈNE VII.

LISE.

Votre frère.

EUPHÉMON père.

Lui-même.

FIERENFAT.

Vous vous moquez! ce fripon, mon frère?

LISE.

Oui.

MADAME CROUPILLAC.

J'en ai le cœur tout-à-fait réjoui.

RONDON.

Quel changement! quoi? c'est donc là mon drôle?

FIERENFAT.

Oh, oh! je joue un fort singulier rôle :
Tudieu, quel frère!

EUPHÉMON père.

Oui, je l'avais perdu;
Le repentir, le Ciel me l'a rendu.

MADAME CROUPILLAC.

Bien à propos pour moi.

FIERENFAT.

La vilaine ame!
Il ne revient que pour m'ôter ma femme.

EUPHÉMON fils, *à Fierenfat.*

Il faut enfin que vous me connaissiez;
C'est vous, Monsieur, qui me la ravissiez.
Dans d'autres temps j'avais eu sa tendresse.
L'emportement d'une folle jeunesse
M'ôta ce bien dont on doit être épris,
Et dont j'avais trop mal connu le prix.

J'ai retrouvé, dans ce jour salutaire,
Ma probité, ma maîtresse, mon père.
M'envîrez-vous l'inopiné retour
Des droits du sang, et des droits de l'amour?
Gardez mes biens, je vous les abandonne :
Vous les aimez... moi j'aime sa personne;
Chacun de nous aura son vrai bonheur,
Vous dans mes biens, moi, Monsieur, dans son cœur.

EUPHÉMON père.

Non, sa bonté si désintéressée
Ne sera pas si mal récompensée :
Non, Euphémon, ton père ne veut pas
T'offrir sans bien, sans dot, à ses appas.

RONDON.

Oh! bon cela.

MADAME CROUPILLAC.

J'en suis émerveillée,
Toute ébaubie, et toute consolée.
Ce gentilhomme est venu tout exprès,
En vérité, pour venger mes attraits.

(*A Euphémon fils.*)

Vite, épousez : le Ciel vous favorise;
Car tout exprès pour vous il a fait Lise;
Et je pourrais, par ce bel accident,
Si l'on voulait, ravoir mon président.

LISE.

(*A Rondon.*)

De tout mon cœur. Et vous, souffrez, mon père,
Souffrez qu'une ame et fidèle et sincère,

ACTE V, SCÈNE VII.

Qui ne pouvait se donner qu'une fois,
Soit ramenée à ses premières lois.

RONDON.

Si sa cervelle est enfin moins volage...

LISE.

Oh! j'en réponds.

RONDON.

S'il t'aime, s'il est sage...

LISE.

N'en doutez pas.

RONDON.

Si surtout Euphémon
D'une ample dot lui fait un large don,
J'en suis d'accord.

FIERENFAT.

Je gagne en cette affaire
Beaucoup, sans doute, en trouvant un mien frère :
Mais cependant je perds en moins de rien
Mes frais de noce, une femme et du bien.

MADAME CROUPILLAC.

Eh! fi, vilain! quel cœur sordide et chiche!
Faut-il toujours courtiser la plus riche?
N'ai-je donc pas en contrats, en châteaux,
Assez pour vivre, et plus que tu ne vaux?
Ne suis-je pas en date la première?
N'as-tu pas fait, dans l'ardeur de me plaire,
De longs serments, tous couchés par écrit,
Des madrigaux, des chansons sans esprit?
Entre les mains j'ai toutes tes promesses;
Nous plaiderons; je montrerai les pièces.

Le parlement doit, en semblable cas,
Rendre un arrêt contre tous les ingrats.
RONDON.
Ma foi, l'ami, crains sa juste colère;
Epouse-la, crois-moi, pour t'en défaire.
EUPHÉMON père, *à madame Croupillac.*
Je suis confus du vif empressement
Dont vous flattez mon fils le président;
Votre procès lui devrait plaire encore;
C'est un dépit dont la cause l'honore :
Mais permettez que mes soins réunis
Soient pour l'objet qui m'a rendu mon fils.
Vous, mes enfants, dans ces moments prospères,
Soyez unis, embrassez-vous en frères.
Vous, mon ami, rendons grâces aux cieux,
Dont les bontés ont tout fait pour le mieux.
Non, il ne faut, et mon cœur le confesse,
Désespérer jamais de la jeunesse.

FIN DE L'ENFANT PRODIGUE.

VARIANTES

DE L'ENFANT PRODIGUE.

* ÉDITION de 1738 :

LISE.

Je le veux ;

Eh bien, sachez.....

COMMENCEMENT DE LA SCÈNE VI DU Ve ACTE.

LISE, EUPHÉMON père, FIERENFAT, RONDON, EUPHÉMON fils, *l'épée à la main*, MADAME CROUPILLAC, MARTHE, EXEMPTS.

FIERENFAT.

Vite, qu'on l'environne ;
Point de quartier : saisissez sa personne.

RONDON, *aux exempts*.

Montrez un cœur au-dessus du commun ;
Soyez hardis, vous êtes six contre un.

LISE.

Ah, malheureux ! arrêtez.

MARTHE.

Comment faire ?

EUPHÉMON fils.

Lâches, fuyez.,... où suis-je ? c'est mon père !
(*Il jette son épée.*)

EUPHÉMON père.

Que vois-je ? hélas !

EUPHÉMON fils, *aux pieds de son père*.

Un trop malheureux fils
Qu'on poursuivait, et qui vous est soumis.

LISE.

Oui, le voilà cet inconnu que j'aime.

RONDON.

Ma foi, c'est lui.

FIERENFAT.

Mon frère?

MADAME CROUPILLAC.

O Ciel!

MARTHE.

Lui-même.

EUPHÉMON fils.

Connaissez-moi, décidez de mon sort, etc.

LA PRINCESSE DE NAVARRE,

COMÉDIE-BALLET.

FÊTE DONNÉE PAR LE ROI EN SON CHATEAU DE VERSAILLES,
LE 23 FÉVRIER 1745.

La musique des divertissements était de Rameau.

AVERTISSEMENT.

Le roi a voulu donner à madame la dauphine une fête qui ne fût pas seulement un de ces spectacles pour les yeux, qui, passant avec l'éclat qui les accompagne, ne laissent après eux aucune trace. Il a commandé un spectacle qui pût à-la-fois servir d'amusement à la cour et d'encouragement aux beaux-arts. M. le duc de Richelieu, premier gentilhomme de la chambre, en exercice, a ordonné cette fête.

Il a fait élever un théâtre dans le grand manége de Versailles, et a fait construire une salle dont les décorations et les embellissements ont été exécutés avec autant de magnificence que de goût.

On a voulu réunir sur ce théâtre tous les talents qui pouvaient contribuer aux agréments de la fête, en y rassemblant tous les charmes de la déclamation, de la danse et de la musique.

Il a donc fallu que celui qui a été chargé de composer la fête fît un de ces ouvrages dramatiques où les divertissements en musique forment une partie du sujet, où la plaisanterie se mêle à l'héroïque, et dans lesquels on voit un mélange de l'opéra, de la comédie et de la tragédie.

On n'a pu ni dû donner à ces trois genres toute leur étendue; on s'est efforcé seulement de réunir les talents de tous les artistes qui se distinguent le plus; et l'unique mérite de l'auteur a été de faire valoir celui des autres.

Il a choisi le lieu de la scène sur les frontières de la Castille; et il en a fixé l'époque sous le roi de France Charles V, prince juste, sage et heureux, contre lequel les Anglais ne purent prévaloir, qui secourut la Castille, et qui lui donna un monarque.

Il est vrai que l'histoire n'a pu fournir de semblables allégories pour l'Espagne; car il y régnait alors un prince cruel, à ce qu'on dit, et sa femme n'était point une héroïne dont les enfants fussent des héros. Presque tout l'ouvrage est donc une fiction dans laquelle il a fallu s'asservir à introduire un peu de bouffonnerie au milieu des plus grands intérêts, et des fêtes au milieu de la guerre.

Ce divertissement a été exécuté le 23 février 1745, en présence du roi et de la famille royale, S.M. satisfaite, en ordonna une nouvelle représentation.

AVERTISSEMENT.

Malgré l'alliage de la bouffonnerie avec le drame sérieux dans cette comédie héroïque, on reconnaît le poète homme d'esprit; et plusieurs détails méritent d'être distingués. Dans le prologue, récité par mademoiselle Clairon, on retrouve toute la grâce et l'imagination de Voltaire. La musique du ballet en est due à Rameau. Les intermèdes, détachés de cette comédie, furent représentés séparément à la cour en 1746, sous le titre de *Fêtes de Ramire*. Ce fut J.-J. Rousseau qui, en l'absence de Voltaire, fut chargé par le duc de Richelieu de les réunir par quelques scènes de récitatif, dont il fit les paroles et la musique.

Sous ces divers rapports, la comédie héroïque de la *Princesse de Navarre* pouvait mériter d'être conservée comme celle de *Don Sanche d'Aragon* de P. Corneille.

PROLOGUE

DE LA FÊTE POUR LE MARIAGE

DE MONSIEUR LE DAUPHIN.

LE SOLEIL *descend dans son char et prononce ces paroles :*

L'INVENTEUR des beaux-arts, le dieu de la lumière,
Descend du haut des cieux dans le plus beau séjour
Qu'il puisse contempler en sa vaste carrière.

  La gloire, l'hymen et l'amour,
  Astres charmants de cette cour,
  Y répandent plus de lumière
  Que le flambeau du dieu du jour.

J'envisage en ces lieux le bonheur de la France,
Dans ce roi qui commande à tant de cœurs soumis :
Mais, tout dieu que je suis, et dieu de l'éloquence,
  Je ressemble à ses ennemis ;
  Je suis timide en sa présence.

  Faut-il qu'ayant tant d'assurance
  Quand je fais entendre son nom,
Il ne m'inspire ici que de la défiance ?
  Tout grand homme a de l'indulgence ;
  Et tout héros aime Apollon.

Qui rend son siècle heureux veut vivre en la mémoire.
Pour mériter Homère, Achille a combattu.
  Si l'on dédaignait trop la gloire,
  On chérirait peu la vertu.

(*Tous les acteurs bordent le théâtre, représentant les Muses et les beaux-arts.*)

O vous qui lui rendez tant de divers hommages,
Vous qui le couronnez, et dont il est l'appui,
N'espérez pas pour vous avoir tous les suffrages
  Que vous réunissez pour lui.

Je sais que de la cour la science profonde
  Serait de plaire à tout le monde :
C'est un art qu'on ignore, et peut-être les dieux
En ont cédé l'honneur au maître de ces lieux.

Muses, contentez-vous de chercher à lui plaire ;
Ne vantez point ici d'une voix téméraire
La douceur de ses lois, les efforts de son bras,
  Thémis, la Prudence et Bellone
  Conduisant son cœur et ses pas,
La bonté généreuse assise sur son trône,
Le Rhin libre par lui, l'Escaut épouvanté,
Les Apennins fumants que sa foudre environne ;
Laissons ces entretiens à la postérité,
Ces leçons à son fils, cet exemple à la terre :
Vous graverez ailleurs dans les fastes des temps
  Tous ces terribles monuments
  Dressés par les mains de la Guerre.

PROLOGUE.

Célébrez aujourd'hui l'hymen de ses enfants;
Déployez l'appareil de vos jeux innocents.
L'objet qu'on desirait, qu'on admire et qu'on aime,
Jette déjà sur vous des regards bienfaisants :
On est heureux sans vous; mais le bonheur suprême
      Veut encor des amusements.

Cueillez toutes les fleurs, et parez-en vos têtes;
Mêlez tous les plaisirs, unissez tous les jeux,
Souffrez le plaisant même; il faut de tout aux fêtes,
Et toujours les héros ne sont pas sérieux.
Enchantez un loisir, hélas! trop peu durable.
Ce peuple de guerriers, qui ne paraît qu'aimable,
Vous écoute un moment, et revole aux dangers.
Leur maître en tous les temps veille sur la patrie.
Les soins sont éternels; ils consument la vie :
    Les plaisirs sont trop passagers.

Il n'en est pas ainsi de la vertu solide;
Cet hymen l'éternise : il assure à jamais
A cette race auguste, à ce peuple intrépide,
    Des victoires et des bienfaits.

Muses, que votre zèle à mes ordres réponde.
Le cœur plein des beautés dont cette cour abonde,
Et que ce jour illustre assemble autour de moi,
Je vais voler au ciel, à la source féconde
    De tous les charmes que je voi;
    Je vais, ainsi que votre roi,
Recommencer mon cours pour le bonheur du monde.

NOUVEAU PROLOGUE

DE LA PRINCESSE DE NAVARRE,

ENVOYÉ

A M. LE MARÉCHAL DUC DE RICHELIEU, POUR LA REPRÉSENTATION
QU'IL FIT DONNER A BORDEAUX LE 26 NOVEMBRE 1764.

Nous osons retracer cette fête éclatante
Que donna dans Versaille, au plus aimé des rois,
 Le héros qui le représente,
 Et qui nous fait chérir ses lois.

Ses mains en d'autres lieux ont porté la victoire ;
Il porte ici le goût, les beaux-arts et les jeux ;
 Et c'est une nouvelle gloire.
Mars fait des conquérants ; la paix fait des heureux.

Des Grecs et des Romains les spectacles pompeux
De l'univers encore occupent la mémoire :
Aussi-bien que leurs camps, leurs cirques sont fameux.
Melpomène, Thalie, Euterpe et Terpsichore,
Ont enchanté les Grecs, et savent plaire encore
A nos Français polis et qui pensent comme eux.

  La guerre défend la patrie,
  Le commerce peut l'enrichir ;

Les lois font son repos, les arts la font fleurir.
La valeur, les talents, les travaux, l'industrie,
Tout brille parmi vous : que vos heureux remparts
Soient le temple éternel de la paix et des arts!

PERSONNAGES CHANTANTS

DANS TOUS LES CHŒURS.

Quinze femmes et vingt-cinq hommes.

PERSONNAGES DE LA COMÉDIE.

CONSTANCE, princesse de Navarre.
LE DUC DE FOIX.
DON MORILLO, seigneur de campagne.
SANCHETTE, fille de Morillo.
LÉONOR, l'une des femmes de la princesse.
HERNAND, écuyer du duc.
GUILLOT, jardinier.
Un officier des gardes.
Un alcade.
Suite.

La scène est dans les jardins de don Morillo, sur les confins de la Navarre.

LA PRINCESSE DE NAVARRE,

COMÉDIE-BALLET.

ACTE PREMIER.

SCÈNE I.

CONSTANCE, LÉONOR.

LÉONOR.

Ah, quel voyage, et quel séjour
 Pour l'héritière de Navarre !
Votre tuteur, don Pèdre, est un tyran barbare :
 Il vous force à fuir de sa cour.
Du fameux duc de Foix vous craignez la tendresse ;
 Vous fuyez la haine et l'amour :
 Vous courez la nuit et le jour,
 Sans page et sans dame d'atour.
 Quel état pour une princesse !
 Vous vous exposez tour-à-tour
 A des dangers de toute espèce.

CONSTANCE.

J'espère que demain, ces dangers, ces malheurs,
De la guerre civile effet inévitable,
Seront au moins suivis d'un ennui tolérable;
　　Et je pourrai cacher mes pleurs
　　Dans un asile inviolable.
O sort! à quels chagrins me veux-tu réserver?
　　De tous côtés infortunée,
　Don Pèdre aux fers m'avait abandonnée :
　　Gaston de Foix veut m'enlever!

LÉONOR.

Je suis de vos malheurs comme vous occupée;
Malgré mon humeur gaie, ils troublent ma raison :
Mais un enlèvement, ou je suis fort trompée,
　　Vaut un peu mieux qu'une prison.
Contre Gaston de Foix quel courroux vous anime?
　　Il veut finir votre malheur;
Il voit ainsi que nous don Pèdre avec horreur.
　　Un roi cruel qui vous opprime,
　　Doit vous faire aimer un vengeur.

CONSTANCE.

Je hais Gaston de Foix autant que le roi même.

LÉONOR.

　　Et pourquoi? parce qu'il vous aime?

CONSTANCE.

Lui, m'aimer! nos parents se sont toujours haïs.

LÉONOR.

Belle raison!

CONSTANCE.

　　Son père accabla ma famille.

ACTE I, SCÈNE I.

LÉONOR.

Le fils est moins cruel, Madame, avec la fille;
Et vous n'êtes point faits pour vivre en ennemis.

CONSTANCE.

De tout temps la haine sépare
Le sang de Foix et le sang de Navarre.

LÉONOR.

Mais l'amour est utile aux raccommodements.
Enfin dans vos raisons je n'entre qu'avec peine;
Et je ne crois point que la haine
Produise les enlèvements.
Mais ce beau duc de Foix que votre cœur déteste,
L'avez-vous vu, Madame?

CONSTANCE.

Au moins mon sort funeste
A mes yeux indignés n'a point voulu l'offrir.
Quelque hasard aux siens m'a pu faire paraître.

LÉONOR.

Vous m'avoûrez qu'il faut connaître
Du moins avant que de haïr.

CONSTANCE.

J'ai juré, Léonor, au tombeau de mon père,
De ne jamais m'unir à ce sang que je hais.

LÉONOR.

Serment d'aimer toujours, ou de n'aimer jamais,
Me paraît un peu téméraire.
Enfin, de peur des rois et des amants, hélas!
Vous allez dans un cloître enfermer tant d'appas.

CONSTANCE.

Je vais dans un couvent tranquille,

Loin de Gaston, loin des combats,
Cette nuit trouver un asile.

LÉONOR.

Ah! c'était à Burgos, dans votre appartement,
Qu'était en effet le couvent.
Loin des hommes renfermée,
Vous n'avez pas vu seulement
Ce jeune et redoutable amant
Qui vous avait tant alarmée.
Grâce aux troubles affreux dont nos Etats sont pleins,
Au moins dans ce château nous voyons des humains.
Le maître du logis, ce baron qui vous prie
A dîner malgré vous, faute d'hôtellerie,
Est un baron absurde, ayant assez de bien,
Grossièrement galant avec peu de scrupule :
Mais un homme ridicule
Vaut peut-être encor mieux que rien.

CONSTANCE.

Souvent dans le loisir d'une heureuse fortune
Le ridicule amuse; on se prête à ses traits :
Mais il fatigue, il importune
Les cœurs infortunés et les esprits bien faits.

LÉONOR.

Mais un esprit bien fait peut remarquer, je pense,
Ce noble cavalier si prompt à vous servir,
Qu'avec tant de respects, de soins, de complaisance,
Au-devant de vos pas nous avons vu venir.

CONSTANCE.

Vous le nommez?

ACTE I, SCÈNE I.

LÉONOR.

Je crois qu'il se nomme Alamir.

CONSTANCE.

Alamir? il paraît d'une toute autre espèce
Que monsieur le baron.

LÉONOR.

Oui, plus de politesse,
Plus de monde, de grâce.

CONSTANCE.

Il porte dans son a͏̈
Je ne sais quoi de grand.

LÉONOR.

Oui.

CONSTANCE.

De noble.

LÉONOR.

Oui.

CONSTANCE.

De fier.

LÉONOR.

Oui. J'ai cru même y voir je ne sais quoi de tendre.

CONSTANCE.

Oh! point : dans tous les soins qu'il s'empresse à nous rendre
Son respect est si retenu!

LÉONOR.

Son respect est si grand, qu'en vérité j'ai cru
Qu'il a deviné votre altesse.

CONSTANCE.

Les voici; mais surtout point d'altesse en ces lieux :
Dans mes destins injurieux

Je conserve le cœur, non le rang de princesse.
Garde de découvrir mon secret à leurs yeux;
Modère ta gaîté, déplacée, imprudente;
  Ne me parle point en suivante.
  Dans le plus secret entretien,
Il faut t'accoutumer à passer pour ma tante.

LÉONOR.

Oui, j'aurai cet honneur; je m'en souviens très-bien.

CONSTANCE.

Point de respect, je te l'ordonne.

SCÈNE II.

DON MORILLO, LE DUC DE FOIX, *en jeune officier, d'un côté du théâtre; de l'autre,* CONSTANCE, LÉONOR.

MORILLO *au duc de Foix, qu'il prend toujours pour Alamir.*

  Oh, oh! qu'est-ce donc que j'entends?
La tante est tutoyée! Ah, ma foi, je soupçonne
Que cette tante-là n'est pas de ses parents.
Alamir, mon ami, je crois que la friponne
  Ayant sur moi du dessein,
  Pour renchérir sa personne,
  Prit cette tante en chemin.

LE DUC DE FOIX.

Non, je ne le crois pas; elle paraît bien née;
La vertu, la noblesse éclate en ses regards.
De nos troubles civils les funestes hasards
Près de votre château l'ont sans doute amenée.

ACTE I, SCÈNE II.

MORILLO.

Parbleu, dans mon château je prétends la garder;
En bon parent tu dois m'aider :
C'est une bonne aubaine; et des nièces pareilles
Se trouvent rarement, et m'iraient à merveilles.

LE DUC DE FOIX.

Gardez de les laisser échapper de vos mains.

LÉONOR, *à la princesse.*

On parle ici de vous, et l'on a des desseins.

MORILLO.

Je réponds de leur complaisance.
(*Il s'avance vers la princesse de Navarre.*)
Madame, jamais mon château...
(*Au duc de Foix.*)
Aide-moi donc un peu.

LE DUC DE FOIX, *bas.*

Ne vit rien de si beau.

MORILLO.

Ne vit rien de si beau... Je sens en sa présence
Un embarras tout nouveau;
Que veut dire cela? Je n'ai plus d'assurance.

LE DUC DE FOIX.

Son aspect en impose, et se fait respecter.

MORILLO.

A peine elle daigne écouter.
Ce maintien réservé glace mon éloquence;
Elle jette sur nous un regard bien altier!
Quels grands airs! Allons donc, sers-moi de chancelier,
Explique-lui le reste, et touche un peu son ame.

LE DUC DE FOIX.

Ah! que je le voudrais!... Madame,
Tout reconnaît ici vos souveraines lois;
Le Ciel, sans doute, vous a faite
Pour en donner aux plus grands rois.
Mais, du sein des grandeurs, on aime quelquefois
A se cacher dans la retraite.
On dit que les dieux autrefois
Dans de simples hameaux se plaisaient à paraître :
On put souvent les méconnaître;
On ne peut se méprendre aux charmes que je vois.

MORILLO.

Quels discours ampoulés! quel diable de langage!
Es-tu fou?

LE DUC DE FOIX.

Je crains bien de n'être pas trop sage.
(*A Léonor.*)
Vous qui semblez la sœur de cet objet divin,
De nos empressements daignez être attendrie;
Accordez un seul jour, ne partez que demain :
Ce jour le plus heureux, le plus beau de ma vie,
Du reste de nos jours va régler le destin.
(*A Morillo.*)
Je parle ici pour vous.

MORILLO.

Eh bien! que dit la tante?

LÉONOR.

Je ne vous cache point que cette offre me tente :
Mais madame, ma nièce...

ACTE I, SCÈNE II.

MORILLO, *à Léonor.*

Oh! c'est trop de raison.
A la fin je serai le maître en ma maison.
Ma tante, il faut souper alors que l'on voyage;
    Petites façons et grands airs,
    A mon avis, sont des travers.
Humanisez un peu cette nièce sauvage.
    Plus d'une reine en mon château
A couché dans la route, et l'a trouvé fort beau.

CONSTANCE.

Ces reines voyageaient en des temps plus paisibles;
Et vous savez quel trouble agite ces Etats.
A tous vos soins polis nos cœurs seront sensibles;
Mais nous partons : daignez ne nous arrêter pas.

MORILLO.

La petite obstinée! Où courez-vous si vite?

CONSTANCE.

Au couvent.

MORILLO.

Quelle idée, et quels tristes projets!
Pourquoi préférez-vous un aussi vilain gîte?
    Qu'y pourriez-vous trouver?

CONSTANCE.

La paix.

LE DUC DE FOIX.

Que cette paix est loin de ce cœur qui soupire!

MORILLO.

Eh bien! espères-tu de pouvoir la réduire?

LE DUC DE FOIX.

Je vous promets, du moins, d'y mettre tout mon art.

MORILLO.

J'emploîrai tout le mien.

LÉONOR.

Souffrez qu'on se retire ;
Il faut ordonner tout pour ce prochain départ.
(*Elles font un pas vers la porte.*)

LE DUC DE FOIX.

Le respect nous défend d'insister davantage ;
Vous obéir en tout est le premier devoir.
(*Ils font une révérence.*)
Mais quand on cesse de vous voir,
En perdant vos beaux yeux, on garde votre image.

SCÈNE III.

LE DUC DE FOIX, DON MORILLO.

MORILLO.

On ne partira point, et j'y suis résolu.

LE DUC DE FOIX.

Le sang m'unit à vous ; et c'est une vertu
D'aider dans leurs desseins des parents qu'on révère.

MORILLO.

La nièce est mon vrai fait, quoiqu'un peu froide et fière ;
La tante sera ton affaire :
Et nous serons tous deux contents.
Que me conseilles-tu ?

LE DUC DE FOIX.

D'être aimable, de plaire.

MORILLO.

Fais-moi plaire.

ACTE I, SCÈNE III.

LE DUC DE FOIX.

Il y faut mille soins complaisants,
Les plus profonds respects, des fêtes et du temps.

MORILLO.

J'ai très-peu de respect; le temps est long; les fêtes
　　Coûtent beaucoup, et ne sont jamais prêtes :
C'est de l'argent perdu.

LE DUC DE FOIX.

　　　　　　　L'argent fut inventé
Pour payer, si l'on peut, l'agréable et l'utile.
Eh! jamais le plaisir fut-il trop acheté?

MORILLO.

Comment t'y prendras-tu?

LE DUC DE FOIX.

　　　　　　　La chose est très-facile.
　　Laissez-moi partager les frais.
　　Il vient de venir ici près
　　Quelques comédiens de France,
Des troubadours experts dans la haute science,
Dans le premier des arts, le grand art du plaisir :
　　Ils ne sont pas dignes peut-être
Des adorables yeux qui les verront paraître;
Mais ils savent beaucoup, s'ils savent réjouir.

MORILLO.

Réjouissons-nous donc.

LE DUC DE FOIX.

　　　　　　Oui, mais avec mystère.

MORILLO.

Avec mystère, avec fracas,
Sers-moi tout comme tu voudras :

Je trouve tout fort bon, quand j'ai l'amour en tête.
Prépare ta petite fête;
De mes menus plaisirs je te fais l'intendant.
Je veux subjuguer la friponne
Avec son air important;
Et je vais pour danser ajuster ma personne.

SCÈNE IV.

LE DUC DE FOIX, HERNAND.

LE DUC DE FOIX.

Hernand, tout est-il prêt?

HERNAND.

Pouvez-vous en douter?
Quand monseigneur ordonne, on fait exécuter.
Par mes soins secrets tout s'apprête
Pour amollir ce cœur et si fier et si grand.
Mais j'ai grand'peur que votre fête
Réussisse aussi mal que votre enlèvement.

LE DUC DE FOIX.

Ah! c'est-là ce qui fait la douleur qui me presse;
Je pleure ces transports d'une aveugle jeunesse,
Et je veux expier le crime d'un moment
Par une éternelle tendresse.
Tout me réussira; car j'aime à la fureur.

HERNAND.

Mais en déguisements vous avez du malheur.
Chez don Pèdre en secret j'eus l'honneur de vous suivre
En qualité de conjuré;
Vous fûtes reconnu, tout près d'être livré,

ACTE I, SCÈNE IV.

Et nous sommes heureux de vivre.
Vos affaires ici ne tournent pas trop bien,
Et je crains tout pour vous.

LE DUC DE FOIX.

J'aime, et je ne crains rien :
Mon projet avorté, quoique plein de justice,
  Dut sans doute être malheureux;
Je ne méritais pas un destin plus propice,
  Mon cœur n'était point amoureux.
Je voulais d'un tyran punir la violence;
  Je voulais enlever Constance,
Pour unir nos maisons, nos noms et nos amis.
La seule ambition fut d'abord mon partage.
  Belle Constance, je vous vis;
  L'amour seul arme mon courage.

HERNAND.

Elle ne vous vit point; c'est-là votre malheur.
  Vos grands projets lui firent peur;
  Et dès qu'elle en fut informée,
Sa fureur, contre vous dès long-temps allumée,
  En avertit toute la cour.
Il fallut fuir alors.

LE DUC DE FOIX.

Elle fuit à son tour.
Nos communs ennemis la rendront plus traitable.

HERNAND.

Elle hait votre sang.

LE DUC DE FOIX.

Quelle haine indomptable
  Peut tenir contre tant d'amour?

HERNAND.

Pour un héros tout jeune et sans expérience,
Vous embrassez beaucoup de terrain à-la-fois :
Vous voudriez finir la mésintelligence
    Du sang de Navarre et de Foix;
Vous avez en secret avec le roi de France
    Un chiffre de correspondance.
Contre un roi formidable ici vous conspirez;
Vous y risquez vos jours et ceux des conjurés.
Vos troupes vers ces lieux s'avancent à la file;
Vous préparez la guerre au milieu des festins;
Vous bernez le seigneur qui vous donne un asile;
Sa fille, pour combler vos singuliers destins,
Devient folle de vous, et vous tient en contrainte :
Il vous faut employer et l'audace et la feinte;
Téméraire en amour et criminel d'Etat,
Perdant votre raison, vous risquez votre tête.
    Vous allez livrer un combat,
    Et vous préparez une fête!

LE DUC DE FOIX.

Mon cœur, de tant d'objets, n'en voit qu'un seul ici;
Je ne vois, je n'entends que la belle Constance.
Si par mes tendres soins son cœur est adouci,
    Tout le reste est en assurance.
Don Pèdre périra, don Pèdre est trop haï.
Le fameux du Guesclin vers l'Espagne s'avance;
    Le fier Anglais, notre ennemi,
D'un tyran détesté prend en vain la défense :
Par le bras des Français les rois sont protégés;
Des tyrans de l'Europe ils domptent la puissance :

Le sort des Castillans sera d'être vengés
    Par le courage de la France.

HERNAND.

Et cependant en ce séjour
Vous ne connaissez rien qu'un charmant esclavage.

LE DUC DE FOIX.

Va, tu verras bientôt ce que peut un courage
    Qui sert la patrie et l'amour.
    Ici, tout ce qui m'inquiète,
C'est cette passion dont m'honore Sanchette,
    La fille de notre baron.

HERNAND.

C'est une fille neuve, innocente, indiscrète,
    Bonne par inclination,
    Simple par éducation,
    Et par instinct un peu coquette;
C'est la pure nature en sa simplicité.

LE DUC DE FOIX.

Sa simplicité même est fort embarrassante,
Et peut nuire aux projets de mon cœur agité.
J'étais loin d'en vouloir à cette ame innocente.
J'apprends que la princesse arrive en ce canton;
Je me rends sur la route, et me donne au baron
Pour un fils d'Alamir, parent de la maison.
En amour comme en guerre une ruse est permise.
    J'arrive; et sur un compliment
    Moitié poli, moitié galant,
    Que partout l'usage autorise,
    Sanchette prend feu promptement,
    Et son cœur tout neuf s'humanise:

Elle me prend pour son amant,
Se flatte d'un engagement,
M'aime, et le dit avec franchise.
Je crains plus sa naïveté
Que d'une femme bien apprise
Je ne craindrais la fausseté.

HERNAND.

Elle vous cherche.

LE DUC DE FOIX.

Je te laisse :
Tâche de dérouter sa curiosité ;
Je vole aux pieds de la princesse.

SCÈNE V.

SANCHETTE, HERNAND.

SANCHETTE.

Je suis au désespoir.

HERNAND.

Qu'est-ce qui vous déplaît,
Mademoiselle ?

SANCHETTE.

Votre maître.

HERNAND.

Vous déplaît-il beaucoup ?

SANCHETTE.

Beaucoup ; car c'est un traître,
Ou du moins il est près de l'être ;
Il ne prend plus à moi nul intérêt.
Avant-hier il vint, et je fus transportée

De son séduisant entretien ;
Hier il m'a beaucoup flattée ;
A présent il ne me dit rien.
Il court, ou je me trompe, après cette étrangère :
Moi je cours après lui ; tous mes pas sont perdus ;
Et depuis qu'elle est chez mon père,
Il semble que je n'y sois plus.
Quelle est donc cette femme et si belle et si fière,
Pour qui l'on fait tant de façons ?
On va pour elle encor donner les violons,
Et c'est ce qui me désespère.

HERNAND.

Elle va tout gâter... Mademoiselle, eh bien,
Si vous me promettiez de n'en témoigner rien,
D'être discrète.

SANCHETTE.

Oh ! oui, je jure de me taire,
Pourvu que vous parliez.

HERNAND.

Le secret, le mystère
Rend les plaisirs piquants.

SANCHETTE.

Je ne vois pas pourquoi.

HERNAND.

Mon maître, né galant, dont vous tournez la tête,
Sans vous en avertir, vous prépare une fête.

SANCHETTE.

Quoi, tous ces violons !...

HERNAND.

Sont tous pour vous.

SANCHETTE.

                                        Pour moi!

HERNAND.

N'en faites point semblant; gardez un beau silence.
Vous verrez vingt Français entrer dans un moment;
        Ils sont parés superbement;
Ils parlent en chansons, ils marchent en cadence,
        Et la joie est leur élément.

SANCHETTE.

Vingt beaux messieurs Français! j'en ai l'ame ravie;
J'eus de voir des Français toujours très-grande envie:
Entreront-ils bientôt?

HERNAND.

                    Ils sont dans le château.

SANCHETTE.

L'aimable nation! que de galanterie!

HERNAND.

On vous donne un spectacle, un plaisir tout nouveau.
Ce que font les Français, est si brillant, si beau!

SANCHETTE.

Eh! qu'est-ce qu'un spectacle?

HERNAND.

                            Une chose charmante.
Quelquefois un spectacle est un mouvant tableau
Où la nature agit, où l'histoire est parlante,
Où les rois, les héros sortent de leur tombeau :
Des mœurs des nations c'est l'image vivante.

SANCHETTE.

Je ne vous entends point.

HERNAND.

      Un spectacle assez beau
  Serait encore une fête galante;
C'est un art tout français d'expliquer ses desirs
Par l'organe des jeux, par la voix des plaisirs :
Un spectacle est surtout un amoureux mystère,
Pour courtiser Sanchette et tâcher de lui plaire,
   Avant d'aller tout uniment
   Parler au baron votre père
   De notaire, d'engagement,
   De fiançaille et de douaire.

SANCHETTE.

Ah! je vous entends bien; mais moi, que dois-je faire?

HERNAND.

Rien.

SANCHETTE.

  Comment, rien du tout?

HERNAND.

      Le goût, la dignité
  Consistent dans la gravité,
Dans l'art d'écouter tout, finement, sans rien dire,
D'approuver d'un regard, d'un geste, d'un sourire.
  Le feu dont mon maître soupire
Sous des noms empruntés devant vous paraîtra;
   Et l'adorable Sanchette,
  Toujours tendre, toujours discrète,
  En silence triomphera.

SANCHETTE.

  Je comprends fort peu tout cela;

Mais je vous avoûrai que je suis enchantée
De voir de beaux Français, et d'en être fêtée.

SCÈNE VI.

SANCHETTE et HERNAND *sont sur le devant;* LA PRINCESSE DE NAVARRE *arrive par un des côtés du fond sur le théâtre, entre* DON MORILLO *et* LE DUC DE FOIX; SUITE.

LÉONOR, *à Morillo.*

Oui, Monsieur, nous allons partir.

LE DUC DE FOIX, *à part.*

Amour, daigne éloigner un départ qui me tue.

SANCHETTE, *à Hernand.*

On ne commence point. Je ne puis me tenir;
Quand aurai-je une fête aux yeux de l'inconnue?
Je la verrai jalouse, et c'est un grand plaisir.

CONSTANCE *veut passer par une porte: elle s'ouvre, et paraît remplie de guerriers.*

Que vois-je, ô Ciel! suis-je trahie?
Ce passage est rempli de guerriers menaçants!
Quoi! don Pèdre en ces lieux étend sa tyrannie?

LÉONOR.

La frayeur trouble tous mes sens.

(*Les guerriers entrent sur la scène, précédés de trompettes, et tous les acteurs de la comédie se rangent d'un côté du théâtre.*)

UN GUERRIER, *chantant.*

Jeune beauté, cessez de vous plaindre,
  Bannissez vos terreurs;
    C'est vous qu'il faut craindre:
  Bannissez vos terreurs;

ACTE I, SCÈNE VI.

C'est vous qu'il faut craindre,
Régnez sur nos cœurs.

LE CHOEUR *répète.*

Jeune beauté, cessez de vous plaindre, etc.
(*Marche de guerriers dansants.*)

UN GUERRIER.

Lorsque Vénus vient embellir la terre,
C'est dans nos champs qu'elle établit sa cour.
Le terrible dieu de la guerre,
Désarmé dans ses bras, sourit au tendre Amour.
Toujours la beauté dispose
Des invincibles guerriers;
Et le charmant Amour est sur un lit de rose
A l'ombre des lauriers.

LE CHOEUR.

Jeune beauté, cessez de vous plaindre, etc.
(*On danse.*)

UN GUERRIER.

Si quelque tyran vous opprime,
Il va tomber la victime
De l'amour et de la valeur;
Il va tomber sous le glaive vengeur.

UN GUERRIER.

A votre présence
Tout doit s'enflammer;
Pour votre défense
Tout doit s'armer;
L'amour, la vengeance
Doit nous animer.

LE CHOEUR *répète*.

A votre présence
Tout doit s'enflammer, etc.

(*On danse.*)

CONSTANCE, *à Léonor*.

Je l'avoûrai, ce divertissement
Me plaît, m'alarme davantage;
On dirait qu'ils ont su l'objet de mon voyage.
Ciel! avec mon état quel rapport étonnant!

LÉONOR.

Bon! c'est pure galanterie,
C'est un air de chevalerie
Que prend le vieux baron pour faire l'important.

(*La princesse veut s'en aller; le chœur l'arrête en chantant.*)

LE CHOEUR.

Demeurez, présidez à nos fêtes;
Que nos cœurs soient ici vos conquêtes.

DEUX GUERRIERS.

Tout l'univers doit vous rendre
L'hommage qu'on rend aux dieux;
Mais en quels lieux
Pouvez-vous attendre
Un hommage plus tendre,
Plus digne de vos yeux?

LE CHOEUR.

Demeurez, présidez à nos fêtes,
Et que nos cœurs soient vos conquêtes.

(*Les acteurs du divertissement rentrent par le même portique.*)

(*Pendant que Constance parle à Léonor, don Morillo, qui est devant elles, leur fait des mines; et Sanchette, qui est alors auprès du duc de Foix, le tire à part sur le devant du théâtre.*)

SANCHETTE, *au duc de Foix.*

Ecoutez donc, mon cher amant;
L'aubade qu'on me donne, est étrangement faite :
Je n'ai pas pu danser. Pourquoi cette trompette?
Qu'est-ce qu'un Mars, Vénus, des combats, un tyran,
    Et pas un seul mot de Sanchette?
A cette dame-ci tout s'adresse en ces lieux :
    Cette préférence me touche.

LE DUC DE FOIX.

Croyez-moi, taisons-nous; l'amour respectueux
Doit avoir quelquefois son bandeau sur la bouche,
    Bien plus encor que sur les yeux.

SANCHETTE.

Quel bandeau, quels respects! ils sont bien ennuyeux!

MORILLO, *s'avançant vers la princesse.*

Eh bien! que dites-vous de notre sérénade?
La tante est-elle un peu contente de l'aubade?

LÉONOR.

Et la tante et la nièce y trouvent mille appas.

CONSTANCE, *à Léonor.*

Qu'est-ce que tout ceci? Non, je ne comprends pas
Les contrariétés qui s'offrent à ma vue;
Cette rusticité du seigneur du château,
    Et ce goût si noble, si beau,
D'une fête si prompte et si bien entendue.

MORILLO.

Eh bien donc! notre tante approuve mon cadeau.

LÉONOR.

Il me paraît brillant, fort heureux, et nouveau.

MORILLO.

La porte était gardée avec de beaux gendarmes :
Eh, eh! l'on n'est pas neuf dans le métier des armes.

CONSTANCE.

C'est magnifiquement recevoir nos adieux;
Toujours le souvenir m'en sera précieux.

MORILLO.

Je le crois. Vous pourriez voyager par le monde
Sans être fêtoyée ainsi qu'on l'est ici :
Soyez sage, demeurez-y;
Cette fête, ma foi, n'aura pas sa seconde :
Vous chômerez ailleurs. Quand je vous parle ainsi,
C'est pour votre seul bien; car, pour moi, je vous jure
Que, si vous décampez, de bon cœur je l'endure;
Et quand il vous plaira, vous pourrez nous quitter.

CONSTANCE.

De cette offre polie il nous faut profiter;
Par cet autre côté permettez que je sorte.

LÉONOR.

On nous arrête encore à la seconde porte?

CONSTANCE.

Que vois-je? quels objets! quels spectacles charmants!

LÉONOR.

Ma nièce, c'est ici le pays des romans.

(*Il sort de cette seconde porte une troupe de danseurs et de danseuses avec des tambours de basque et des tambourins.*)

ACTE I, SCÈNE VI.

(*Après cette entrée, Léonor se trouve à côté de Morillo; et lui dit :*)

Qui sont donc ces gens-ci?

MORILLO, *au duc de Foix.*

C'est à toi de leur dire
Ce que je ne sais point.

LE DUC DE FOIX, *à la princesse de Navarre.*

Ce sont des gens savants,
Qui dans le ciel tout courant savent lire,
Des mages d'autrefois illustres descendants,
A qui fut réservé le grand art de prédire.

(*Les astrologues arabes, qui étaient restés sous le portique pendant la danse, s'avancent sur le théâtre, et tous les acteurs de la comédie se rangent pour les écouter.*)

UNE DEVINERESSE *chante.*

Nous enchaînons le temps; le plaisir suit nos pas;
Nous portons dans les cœurs la flatteuse espérance;
Nous leur donnons la jouissance
Des biens mêmes qu'ils n'ont pas;
Le présent fuit, il nous entraîne;
Le passé n'est plus rien.
Charme de l'avenir, vous êtes le seul bien
Qui reste à la faiblesse humaine.
Nous enchaînons le temps, etc.

(*On danse.*)

UN ASTROLOGUE.

L'astre éclatant et doux de la fille de l'onde,
Qui devance ou qui suit le jour,
Pour vous recommençait son tour.
Mars a voulu s'unir pour le bonheur du monde

A la planète de l'Amour.
Mais quand les faveurs célestes
Sur nos jours précieux allaient se rassembler,
Des dieux inhumains et funestes
Se plaisent à les troubler.

UN ASTROLOGUE, *alternativement avec le chœur.*

Dieux ennemis, dieux impitoyables,
Soyez confondus :
Dieux secourables,
Tendre Vénus,
Soyez à jamais favorables.

CONSTANCE.

Ces astrologues me paraissent
Plus instruits du passé que du sombre avenir;
Dans mon ignorance ils me laissent :
Comme moi, sur mes maux ils semblent s'attendrir;
Ils forment comme moi des souhaits inutiles,
Et des espérances stériles,
Sans rien prévoir, et sans rien prévenir.

LE DUC DE FOIX.

Peut-être ils prédiront ce que vous devez faire;
Des secrets de nos cœurs ils percent le mystère.

UNE DEVINERESSE *s'approche de la princesse,
et chante.*

Vous excitez la plus sincère ardeur,
Et vous ne sentez que la haine;
Pour punir votre ame inhumaine
Un ennemi doit toucher votre cœur.

(*Ensuite s'avançant vers Sanchette.*)

Et vous, jeune beauté que l'Amour veut conduire,

L'Amour doit vous instruire;
Suivez ses douces lois.
Votre cœur est né tendre;
Aimez, mais en faisant un choix,
Gardez de vous méprendre.

SANCHETTE.

Ah! l'on s'adresse à moi; la fête était pour nous.
J'attendais; j'éprouvais des transports si jaloux!

UN DEVIN ET UNE DEVINERESSE, *s'adressant à Sanchette.*

En mariage
Un sort heureux
Est un rare avantage;
Ses plus doux feux
Sont un long esclavage.

Du mariage
Formez les nœuds;
Mais ils sont dangereux.
L'Amour heureux
Est trop volage.

Du mariage
Craignez les nœuds,
Ils sont trop dangereux.

SANCHETTE, *au duc de Foix.*

Bon! quels dangers seraient à craindre en mariage?
Moi, je n'en vois aucun; de bon cœur je m'engage :
Nous nous aimons, tout ira bien.
Puisque nous nous aimons, nous serons fort fidèles;

Donnez-moi bien souvent des fêtes aussi belles,
Et je ne me plaindrai de rien.

LE DUC DE FOIX.

Hélas ! j'en donnerais tous les jours de ma vie,
Et les fêtes sont ma folie ;
Mais je n'espère point faire votre bonheur.

SANCHETTE.

Il est déjà tout fait ; vous enchantez mon cœur.

(*On danse.*)

(*Les acteurs de la comédie sont rangés sur les ailes : Sanchette veut danser avec le duc de Foix, qui s'en défend ; Morillo prend la princesse de Navarre, et danse avec elle.*)

GUILLOT, *avec un garçon jardinier, vient interrompre la danse, dérange tout, prend le duc de Foix et Morillo par la main, fait des signes en leur parlant bas, et ayant fait cesser la musique, il dit au duc de Foix.*

Oh ! vous allez bientôt avoir une autre danse :
Tout est perdu ; comptez sur moi.

LE DUC DE FOIX, *à Morillo.*

Quelle étrange aventure ? Un alcade ! Eh, pourquoi ?

MORILLO.

Il vient la demander par ordre exprès du roi.

LE DUC DE FOIX.

De quel roi ?

MORILLO.

De don Pèdre.

LE DUC DE FOIX.

Allez : le roi de France
Vous défendra bientôt de cette violence.

LÉONOR, *à la princesse.*

Il paraît que sur vous roule la conférence.

MORILLO.

Bon ; mais en attendant qu'allons-nous devenir?
Quand un alcade parle, il faut bien obéir.

LE DUC DE FOIX.

Obéir, moi?

MORILLO.

Sans doute, et que peux-tu prétendre?

LE DUC DE FOIX.

Nous battre contre tous, contre tous la défendre.

MORILLO.

Qui, toi, te révolter contre un ordre précis,
Emané du roi même? es-tu de sens rassis?

LE DUC DE FOIX.

Le premier des devoirs est de servir les belles ;
Et les rois ne vont qu'après elles.

MORILLO.

Ce petit parent-là m'a l'air d'un franc vaurien :
Tu seras... Mais, ma foi, je ne m'en mêle en rien.
Rebelle à la justice! allons; rentrez, Sanchette,
Plus de fête.

(*Morillo pousse Sanchette dans la maison, renvoie la musique, et sort avec son monde.*)

SANCHETTE.

Eh quoi donc!

LÉONOR.

D'où vient cette retraite,
Ce trouble, cet effroi, ce changement soudain?

CONSTANCE.

Je crains de nouveaux coups de mon triste destin.

LE DUC DE FOIX.

Madame, il est affreux de causer vos alarmes :
Nos divertissements vont finir par des larmes.
Un cruel...

CONSTANCE.

Ciel! qu'entends-je? Eh quoi! jusqu'en ces lieux
Gaston poursuivrait-il ses projets odieux?

LÉONOR.

Qu'avez-vous dit?

LE DUC DE FOIX.

Quel nom prononce votre bouche?
Gaston de Foix, Madame, a-t-il un cœur farouche?
Sur la foi de son nom j'ose vous protester
Qu'ainsi que moi pour vous il donnerait sa vie;
Mais d'un autre ennemi craignez la barbarie;
De la part de don Pèdre on vient vous arrêter.

CONSTANCE.

M'arrêter?

LE DUC DE FOIX.

Un alcade avec impatience
Jusqu'en ces lieux suivit vos pas :
Il doit venir vous prendre.

CONSTANCE.

Eh! sur quelle apparence,
Sous quel nom, quel prétexte?

LE DUC DE FOIX.

Il ne vous nomme pas :
Mais il a désigné vos gens, votre équipage;

Tout envoyé qu'il est d'un ennemi sauvage,
Il a surtout désigné vos appas.
LÉONOR.
Ah! cachons-nous, Madame.
CONSTANCE.
Où?
LÉONOR.
Chez la jardinière,
Chez Guillot.
LE DUC DE FOIX.
Chez Guillot on viendra vous chercher :
La beauté ne peut se cacher.
CONSTANCE.
Fuyons.
LE DUC DE FOIX.
Ne fuyez point.
LÉONOR.
Restez donc.
CONSTANCE.
Ciel! que faire?
LE DUC DE FOIX.
Si vous restez, si vous fuyez,
Je mourrai partout à vos pieds.
Madame, je n'ai point la coupable imprudence
D'oser vous demander quelle est votre naissance :
Soyez reine ou bergère, il n'importe à mon cœur;
Et le secret que vous m'en faites
Du soin de vous servir n'affaiblit point l'ardeur :
Le trône est partout où vous êtes.
Cachez, s'il se peut, vos appas;

Je vais voir en ces lieux si l'on peut vous surprendre,
 Et je ne me cacherai pas
  Quand il faudra vous défendre.

SCÈNE VII.

CONSTANCE, LÉONOR.

LÉONOR.

Enfin nous avons un appui :
Le brave chevalier! nous viendrait-il de France ?

CONSTANCE.

Il n'est point d'Espagnol plus généreux que lui.

LÉONOR.

J'en espère beaucoup, s'il prend votre défense.

CONSTANCE.

 Mais que peut-il seul aujourd'hui
  Contre le danger qui me presse ?
Le sort a sur ma tête épuisé tous ses coups.

LÉONOR.

 Je craindrais le sort en courroux,
  Si vous n'étiez qu'une princesse ;
Mais vous avez, Madame, un partage plus doux.
La nature elle-même a pris votre querelle.
  Puisque vous êtes jeune et belle,
  Le monde entier sera pour vous.

FIN DU PREMIER ACTE.

ACTE SECOND.

SCÈNE I.

SANCHETTE, GUILLOT.

SANCHETTE.

Arrête, parle-moi, Guillot.

GUILLOT.

Oh! Guillot est pressé.

SANCHETTE.

Guillot, demeure; un mot :
Que fait notre Alamir?

GUILLOT.

Oh! rien n'est plus étrange.

SANCHETTE.

Mais que fait-il? dis-moi.

GUILLOT.

Moi, je crois qu'il fait tout,
Libéral comme un roi, jeune et beau comme un ange.

SANCHETTE.

L'infidèle me pousse à bout.
N'est-il pas au jardin avec cette étrangère?

GUILLOT.

Eh! vraiment oui.

SANCHETTE.

Qu'elle doit me déplaire!

GUILLOT.

Eh, mon Dieu! d'où vient ce courroux?
Vous devez l'aimer au contraire;
Car elle est belle comme vous.

SANCHETTE.

D'où vient qu'on a cessé sitôt la sérénade?

GUILLOT.

Je n'en sais rien.

SANCHETTE.

Que veut dire un alcade?

GUILLOT.

Je n'en sais rien.

SANCHETTE.

D'où vient que mon père voulait
M'enfermer sous la clef? d'où vient qu'il s'en allait?

GUILLOT.

Je n'en sais rien.

SANCHETTE.

D'où vient qu'Alamir est près d'elle?

GUILLOT.

Eh! je le sais, c'est qu'elle est belle;
Il lui parle à genoux, tout comme on parle au roi:
C'est des respects, des soins; j'en suis tout hors de moi.
Vous en seriez charmée.

SANCHETTE.

Ah! Guillot, le perfide!

GUILLOT.

Adieu; car on m'attend; on a besoin d'un guide:
— Elle veut s'en aller.

(Il sort.)

ACTE II, SCÈNE I.

SANCHETTE, *seule*.

Puisse-t-elle partir,
Et me laisser mon Alamir!
Oh, que je suis honteuse et dépitée!
Il m'aimait en un jour : en deux suis-je quittée?
Monsieur Hernand m'a dit que c'est-là le bon ton;
Je n'en crois rien du tout. Alamir! quel fripon!
S'il était sot et laid, il me serait fidèle,
Et, ne pouvant trouver de conquête nouvelle,
Il m'aimerait faute de mieux.
Comment faut-il faire à mon âge?
J'ai des amants constants, ils sont tous ennuyeux :
J'en trouve un seul aimable, et le traître est volage.

SCÈNE II.

SANCHETTE, L'ALCADE ET SA SUITE.

L'ALCADE.

Mes amis, vous avez un important emploi;
Elle est dans ces jardins; ah! la voici : c'est elle;
Le portrait qu'on m'en fit me semble assez fidèle;
Voilà son air, sa taille; elle est jeune, elle est belle :
Remplissons les ordres du roi.
Soyez prêts à me suivre, et faites sentinelle.

UN LIEUTENANT DE L'ALCADE.

Nous vous obéirons; comptez sur notre zèle.

SANCHETTE.

Ah, Messieurs, vous parlez de moi.

L'ALCADE.

Oui, Madame; à vos traits nous savons vous connaître;

Votre air nous dit assez ce que vous devez être;
Nous venons vous prier de venir avec nous;
La moitié de mes gens marchera devant vous,
L'autre moitié suivra; vous serez transportée
Sûrement et sans bruit, et partout respectée.

SANCHETTE.

Quel étrange propos! me transporter! Qui? moi!
Eh, qui donc êtes-vous?

L'ALCADE.

Des officiers du roi;
Vous l'offensez beaucoup d'habiter ces retraites;
Monsieur l'amirante en secret,
Sans nous dire qui vous êtes,
Nous a fait votre portrait.

SANCHETTE.

Mon portrait, dites-vous?

L'ALCADE.

Madame, trait pour trait.

SANCHETTE.

Mais je ne connais point ce monsieur l'amirante.

L'ALCADE.

Il fait pourtant de vous la peinture vivante.

SANCHETTE.

Mon portrait à la cour a donc été porté?

L'ALCADE.

Apparemment.

SANCHETTE.

Voyez ce que fait la beauté.
Et de la part du roi vous m'enlevez?

L'ALCADE.

Sans doute;
C'est notre ordre précis : il le faut, quoi qu'il coûte.
SANCHETTE.
Où m'allez-vous mener?
L'ALCADE.

A Burgos, à la cour;
Vous y serez demain avant la fin du jour.
SANCHETTE.
A la cour! mais vraiment ce n'est pas me déplaire;
La cour! j'y consens fort : mais que dira mon père?
L'ALCADE.
Votre père? il dira tout ce qu'il lui plaira.
SANCHETTE.
Il doit être charmé de ce voyage-là.
L'ALCADE.
C'est un honneur très-grand, qui sans doute le flatte.
SANCHETTE.
On m'a dit que la cour est un pays si beau!
Hélas! hors ce jour-ci, la vie en ce château
    Fut toujours ennuyeuse et plate.
L'ALCADE.
Il faut que dans la cour votre personne éclate.
SANCHETTE.
Eh, qu'est-ce qu'on y fait?
L'ALCADE.

Mais du bien et du mal;
On y vit d'espérance; on tâche de paraître :
Près des belles toujours on a quelque rival;
    On en a cent auprès du maître.

SANCHETTE.

Eh, quand je serai là, je verrai donc le roi?

L'ALCADE.

C'est lui qui veut vous voir.

SANCHETTE.

Ah! quel plaisir pour moi!
Ne me trompez-vous point? Eh quoi! le roi souhaite
Que je vive à sa cour? il veut avoir Sanchette?
Hélas! de tout mon cœur : il m'enlève; partons.
Est-il comme Alamir? quelles sont ses façons?
Comment en use-t-il, Messieurs, avec les belles?

L'ALCADE.

Il ne m'appartient pas d'en savoir des nouvelles;
A ses ordres sacrés je ne sais qu'obéir.

SANCHETTE.

Vous emmenez sans doute à la cour Alamir?

L'ALCADE.

Comment? quel Alamir?

SANCHETTE.

L'homme le plus aimable,
Le plus fait pour la cour, brave, jeune, adorable.

L'ALCADE.

Si c'est un gentilhomme à vous,
Sans doute, il peut venir; vous êtes la maîtresse.

SANCHETTE.

Un gentilhomme à moi, plût à Dieu!

L'ALCADE.

Le temps presse,

La nuit vient; les chemins ne sont pas sûrs pour nous :
Partons.

SANCHETTE.

Ah! volontiers.

SCÈNE III.

MORILLO, SANCHETTE, LE DUC DE FOIX, SUITE.

MORILLO.

Messieurs, êtes-vous fous?
Arrêtez-donc; qu'allez-vous faire?
Où menez-vous ma fille!

SANCHETTE.

A la cour, mon cher père.

MORILLO.

Elle est folle; arrêtez, c'est ma fille.

L'ALCADE.

Comment?
Ce n'est pas cette dame à qui je...

MORILLO.

Non vraiment;
C'est ma fille, et je suis don Morillo son père;
Jamais on ne l'enlèvera.

SANCHETTE.

Quoi, jamais!

MORILLO.

Emmenez, s'il le faut, l'étrangère;
Mais ma fille me restera.

SANCHETTE.

Elle aura donc sur moi toujours la préférence ;
C'est elle qu'on enlève !

MORILLO.

Allez en diligence.

SANCHETTE.

L'heureuse créature ! on l'emmène à la cour :
Hélas ! quand sera-ce mon tour ?

MORILLO.

Vous voyez que du roi la volonté sacrée
Est, chez don Morillo, comme il faut révérée ;
Vous en rendrez compte.

L'ALCADE.

Oui, fiez-vous à nos soins.

SANCHETTE.

Messieurs, ne prenez qu'elle au moins.

SCÈNE IV.

MORILLO, SANCHETTE.

MORILLO.

Je suis saisi de crainte : ah ! l'affaire est fâcheuse.

SANCHETTE.

Eh, qu'ai-je à craindre, moi ?

MORILLO.

La chose est sérieuse ;
C'est affaire d'Etat, vois-tu, que tout ceci.

SANCHETTE.

Comment d'Etat ?

MORILLO.

Eh, oui; j'apprends que près d'ici
Tous les Français sont en campagne
Pour donner un maître à l'Espagne.

SANCHETTE.

Qu'est-ce que cela fait?

MORILLO.

On dit qu'en ce canton
Alamir est leur espion.
Cette dame est errante, et chez moi se déguise :
Elle a tout l'air d'être comprise
Dans quelque conspiration ;
Et si tu veux que je le dise,
Tout cela sent la pendaison.
J'ai fait une grosse sottise
De faire entrer dans ma maison
Cette dame en ce temps de crise,
Et cet agréable fripon
Qui me joue, et qui la courtise :
Je veux qu'il parte tout de bon,
Et qu'ailleurs il s'impatronise.

SANCHETTE.

Lui? mon père; ce beau garçon?

MORILLO.

Lui-même; il peut ailleurs donner la sérénade.

SCÈNE V.

MORILLO, SANCHETTE, GUILLOT.

GUILLOT, *tout essoufflé.*
Au secours, au secours! ah, quelle étrange aubade?
MORILLO.
Quoi donc?
SANCHETTE.
Qu'a-t-il donc fait?
GUILLOT.
Dans ces jardins là-bas...
MORILLO.
Eh bien?
GUILLOT.
Cet Alamir et ce monsieur l'alcade,
Les gens d'Alamir, des soldats,
Ayant du fer partout, en tête, au dos, aux bras,
L'étrangère enlevée au milieu des gendarmes,
Et le brave Alamir tout brillant sous les armes,
Qui la reprend soudain, et fait tomber à bas,
Tout à l'entour de lui, nez, mentons, jambes, bras,
Et la belle étrangère en larmes,
Des chevaux renversés, et des maîtres dessous,
Et des valets dessus, des jambes fracassées,
Des vainqueurs, des fuyards, des cris, du sang, des coups,
Des lances à-la-fois, et des têtes cassées,
Et la tante, et ma femme, et ma fille avec moi;
C'est horrible à penser; je suis tout mort d'effroi.

ACTE II, SCÈNE V.

SANCHETTE.

Eh! n'est-il point blessé?

GUILLOT.

C'est lui qui blesse et tue;
C'est un héros, un diable.

MORILLO.

Ah! quelle étrange issue!
Quel maudit Alamir! quel enragé! quel fou!
S'attaquer à son maître, et hasarder son cou,
Et le mien, qui pis est! Ah, le maudit esclandre!
Qu'allons-nous devenir? Le plus grand châtiment
Sera le digne fruit de cet emportement;
Et moi bien sot aussi de vouloir entreprendre
De retenir chez moi cette fière beauté!
Voilà ce qu'il m'en a coûté.
Assemblons nos parents; allons chez votre mère,
Et tâchons d'assoupir cette effroyable affaire.

SANCHETTE, *en s'en allant.*

Ah, Guillot! prends bien soin de ce jeune officier;
Il a tort, en effet, mais il est bien aimable;
Il est si brave!

SCÈNE VI.

GUILLOT, *seul.*

Ah, oui, c'est un homme admirable!
On ne peut mieux se battre, on ne peut mieux payer :
Que j'aime les héros, quand ils sont de l'espèce
De cet amoureux chevalier!
J'ai vu ça tout d'un coup. La dame a sa tendresse.

J'aime à voir un jeune guerrier
Bien payer ses amis, bien servir sa maîtresse :
C'est comme il faut me plaire.

SCÈNE VII.

CONSTANCE, LÉONOR, GUILLOT.

CONSTANCE.

Où me réfugier?
Hélas! qu'est devenu ce guerrier intrépide,
Dont l'ame généreuse et la valeur rapide
Etalent tant d'exploits avec tant de vertu?
Comme il me défendait! comme il a combattu!
L'aurais-tu vu? réponds.

GUILLOT.

J'ai vu... je n'ai rien vu;
Je ne vois rien encore. Une semblable fête
Trouble terriblement les yeux.

LÉONOR.

Eh, va donc t'informer.

GUILLOT.

Où, Madame?

CONSTANCE.

En tous lieux.
Va, vole, réponds donc : que fait-il? cours; arrête :
Aurait-il succombé? Que ne puis-je à mon tour
Défendre ce héros et lui sauver le jour!

LÉONOR.

Hélas! plus que jamais le danger est extrême;
Le nombre était trop grand.

ACTE II, SCÈNE VII.

GUILLOT.

Contre un ils étaient dix.

LÉONOR.

Peut-être qu'on vous cherche, et qu'Alamir est pris.

GUILLOT.

Qui? lui! vous vous moquez; il aurait pris lui-même
Tous les alcades d'un pays.
Allez, croyez, sans vous méprendre,
Qu'il sera mort cent fois avant que de se rendre.

CONSTANCE.

Il serait mort?

LÉONOR.

Va donc.

CONSTANCE.

Tâche de t'éclaircir.

(*Il sort.*)
Va vite... Il serait mort!

LÉONOR.

Je vous en vois frémir;
Il le mérite bien : votre ame est attendrie;
Mais sur quoi jugez-vous qu'il ait perdu la vie?

CONSTANCE.

S'il vivait, Léonor, il serait près de moi.
De l'honneur qui le guide il connaît trop la loi.
Sa main, pour me servir par le Ciel réservée,
M'abandonnerait-elle après m'avoir sauvée?
Non; je crois qu'en tout temps il serait mon appui.
Puisqu'il ne paraît pas, je dois trembler pour lui.

LÉONOR.

Tremblez aussi pour vous; car tout vous est contraire :

En vain partout vous savez plaire,
Partout on vous poursuit, on menace vos jours ;
　　　Chacun craint ici pour sa tête.
Le maître du château, qui vous donne une fête,
　　　N'ose vous donner du secours :
Alamir seul vous sert, le reste vous opprime.

CONSTANCE.

Que devient Alamir, et quel sera son sort ?

LÉONOR.

Songez au vôtre, hélas ! quel transport vous anime !

CONSTANCE.

Léonor, ce n'est point un aveugle transport,
　　　C'est un sentiment légitime.
Ce qu'il a fait pour moi...

SCÈNE VIII.

CONSTANCE, LÉONOR, LE DUC DE FOIX.

LE DUC DE FOIX.

　　　　　　　　J'ai fait ce que j'ai dû.
J'exécutais votre ordre, et vous avez vaincu.

CONSTANCE.

Vous n'êtes point blessé ?

LE DUC DE FOIX.

　　　　　　　　Le Ciel, le Ciel propice,
De votre cause en tout seconda la justice.
Puisse un jour cette main, par de plus heureux coups,
De tous vos ennemis vous faire un sacrifice !
Mais un de vos regards doit les désarmer tous.

CONSTANCE.

Hélas! du sort encor je ressens le courroux;
De vous récompenser il m'ôte la puissance.
Je ne puis qu'admirer cet excès de vaillance.

LE DUC DE FOIX.

Non, c'est moi qui vous dois de la reconnaissance.
Vos yeux me regardaient; je combattais pour vous :
　　Quelle plus belle récompense!

CONSTANCE.

　　Ce que j'entends, ce que je vois,
Votre sort et le mien, vos discours, vos exploits,
Tout étonne mon ame; elle en est confondue :
Quel destin nous rassemble? et par quel noble effort,
Par quelle grandeur d'ame en ces lieux peu connue,
Pour ma seule défense affrontiez-vous la mort?

LE DUC DE FOIX.

Eh! n'est-ce pas assez que de vous avoir vue?

CONSTANCE.

Quoi! vous ne connaissez ni mon nom, ni mon sort,
　　Ni mes malheurs, ni ma naissance?

LE DUC DE FOIX.

Tout cela dans mon cœur eût-il été plus fort
　　Qu'un moment de votre présence?

CONSTANCE.

Alamir, je vous dois ma juste confiance,
　　Après des services si grands.
Je suis fille des rois et du sang de Navarre;
　　Mon sort est cruel et bizarre;
　　Je fuyais ici deux tyrans :

Mais vous de qui le bras protége l'innocence,
A votre tour, daignez vous découvrir.

LE DUC DE FOIX.

Le sort, juste une fois, me fit pour vous servir;
Et ce bonheur me tient lieu de naissance.
Quoi! puis-je encor vous secourir?
Quels sont ces deux tyrans de qui la violence
Vous persécutait à-la-fois?
Don Pèdre est le premier. Je brave sa vengeance.
Mais l'autre, quel est-il?

CONSTANCE.

L'autre est le duc de Foix.

LE DUC DE FOIX.

Ce duc de Foix qu'on dit et si juste, et si tendre!
Eh, que pourrai-je contre lui?

CONSTANCE.

Alamir, contre tous vous serez mon appui;
Il cherche à m'enlever.

LE DUC DE FOIX.

Il cherche à vous défendre;
On le dit, il le doit, et tout le prouve assez.

CONSTANCE.

Alamir! Et c'est vous, c'est vous qui l'excusez!

LE DUC DE FOIX.

Non, je dois le haïr, si vous le haïssez.
Vous étant odieux, il doit l'être à lui-même;
Mais comment condamner un mortel qui vous aime?
On dit que la vertu l'a pu seule enflammer.
S'il est ainsi, grand Dieu, comme il doit vous aimer!
On dit que devant vous il tremble de paraître,

Que ses jours aux remords sont tous sacrifiés;
On dit qu'enfin, si vous le connaissiez,
Vous lui pardonneriez peut-être.

CONSTANCE.

C'est vous seul que je veux connaître :
Parlez-moi de vous seul, ne trompez plus mes vœux.

LE DUC DE FOIX.

Ah! daignez épargner un soldat malheureux;
Ce que je suis, dément ce que je peux paraître.

CONSTANCE.

Vous êtes un héros, et vous le paraissez.

LE DUC DE FOIX.

Mon sang me fait rougir : il me condamne assez.

CONSTANCE.

Si votre sang est d'une source obscure,
Il est noble par vos vertus,
Et des destins j'effacerai l'injure.
Si vous êtes sorti d'une source plus pure,
Je... Mais vous êtes prince, et je n'en doute plus;
Je n'en veux que l'aveu, le reste me l'assure :
Parlez.

LE DUC DE FOIX.

J'obéis à vos lois;
Je voudrais être prince, alors que je vous vois.
Je suis un cavalier...

SCÈNE IX.

CONSTANCE, LE DUC DE FOIX, LÉONOR, SANCHETTE.

SANCHETTE.

Vous? vous êtes un traître;
Vous n'échapperez pas, et je prétends connaître
Pour qui la fête était, qui vous trompiez des deux.

LE DUC DE FOIX.

Je n'ai trompé personne; et si je fais des vœux,
Ces vœux sont trop cachés, et tremblent de paraître.
Ne jugez point de moi par ces frivoles jeux.
 Une fête est un hommage
Que la galanterie, ou bien la vanité,
 Sans en prendre aucun avantage,
 Quelquefois donne à la beauté.
Si j'aimais, si j'osais m'abandonner aux flammes
De cette passion, vertu des grandes ames,
J'aimerais constamment, sans espoir de retour;
 Je mêlerais dans le silence
Les plus profonds respects au plus ardent amour.
J'aimerais un objet d'une illustre naissance.

SANCHETTE, *à part.*

Mon père est bon baron.

LE DUC DE FOIX.

Un objet ingénu...

SANCHETTE.

Je la * suis fort.

---

* Par ce pronom au féminin, on voit que le poète sous-entend cette *beauté* qui est ingénue. Mais ce nom est trop éloigné; et le rapport grammatical doit se faire avec *objet*.

ACTE II, SCÈNE IX.

LE DUC DE FOIX.

Doux, fier, éclairé, retenu,
Qui joindrait sans effort l'esprit et l'innocence.

SANCHETTE, *à part*.

Est-ce moi?

LE DUC DE FOIX.

J'aimerais certain air de grandeur,
Qui produit le respect sans inspirer la crainte,
La beauté sans orgueil, la vertu sans contrainte,
L'auguste majesté sur le visage empreinte,
Sous le voile de la douceur.

SANCHETTE.

De la majesté! moi!

LE DUC DE FOIX.

Si j'écoutais mon cœur,
Si j'aimais, j'aimerais avec délicatesse,
Mais en brûlant avec transport;
Et je cacherais ma tendresse,
Comme je dois cacher mes malheurs et mon sort.

LÉONOR.

Eh bien, connaissez-vous la personne qu'il aime?

CONSTANCE, *à Léonor*.

Je ne me connais pas moi-même;
Mon cœur est trop ému pour oser vous parler.

SCÈNE X.

MORILLO ET LES PERSONNAGES PRÉCÉDENTS.

MORILLO.

Hélas! tout cela fait trembler :
Ta mère en va mourir; que deviendra ma fille?
L'enfer est déchaîné; mon château, ma famille,
Mon bien, tout est pillé, tout est à l'abandon :
Le duc de Foix a fait investir ma maison.

CONSTANCE.

Le duc de Foix? Qu'entends-je? O Ciel, ta tyrannie
Veut encor par ses mains persécuter ma vie!

MORILLO.

Bon, ce n'est-là que la moindre partie
De ce qu'il nous faut essuyer.
Un certain du Guesclin, brigand de son métier,
Turc de religion, et Breton d'origine,
Avec des spadassins, devers Burgos chemine.
Ce traître duc de Foix vient de s'associer
Avec toute cette racaille.
Contre eux, tout près d'ici, le roi va guerroyer,
Et nous allons avoir bataille.

CONSTANCE.

Ainsi donc à mon sort je n'ai pu résister;
Son inévitable poursuite
Dans le piége me précipite
Par les mêmes chemins choisis pour l'éviter.
Toujours le duc de Foix! sa funeste tendresse
Est pire que la haine; il me poursuit sans cesse.

MORILLO.

C'est bien moi qu'il poursuit, si vous le trouvez bon :
Serait-ce donc pour vous que je suis au pillage ?
    On fera sauter ma maison.
Est-ce vous qui causez tout ce maudit ravage ?
Quelle personne étrange êtes-vous, s'il vous plaît,
    Pour que les rois et les princes
    Prennent à vous tant d'intérêt,
Et qu'on coure après vous au fond de nos provinces ?

CONSTANCE.

Je suis infortunée ; et c'est assez pour vous,
Si vous avez un cœur.

SCÈNE XI.

LES PRÉCÉDENTS, UN OFFICIER *du duc de* FOIX, SUITE.

L'OFFICIER.

    Voyez à vos genoux,
Madame, un envoyé du duc de Foix mon maître ;
    De sa part je mets en vos mains
Cette place où lui-même il n'oserait paraître :
    En son nom je viens reconnaître
    Vos commandements souverains.
Mes soldats sous vos lois vont, avec allégresse,
Vous suivre, ou vous garder, ou sortir de ces lieux ;
Et quand le duc de Foix combat pour vos beaux yeux,
Nous répondons ici des jours de votre altesse.

MORILLO.

Son altesse ! Eh bon Dieu ! quoi ! madame est princesse ?

L'OFFICIER.

Princesse de Navarre, et suprême maîtresse
De vos jours et des miens, et de votre maison.

CONSTANCE.

Je suis hors de moi-même.

MORILLO.

Ah, Madame, pardon :
Je me jette à vos pieds.

LÉONOR.

Vous voilà reconnue.

MORILLO.

De mes desseins coquets la singulière issue !

SANCHETTE.

Quoi ! vous êtes princesse, et faite comme nous !

L'OFFICIER.

Nous attendons ici vos ordres à genoux :

CONSTANCE.

Je rends grâce à vos soins, mais ils sont inutiles :
Je ne crains rien dans ces asiles ;
Alamir est ici : contre mes oppresseurs
Je n'aurai pas besoin de nouveaux défenseurs.

L'OFFICIER.

Alamir ! de ce nom je n'ai pas connaissance ;
Mais je respecte en lui l'honneur de votre choix :
S'il combat pour votre défense,
Nous serons trop heureux de servir sous ses lois.
Je vous ramène aussi vos compagnes fidèles,
Vos premiers officiers, vos dames du palais ;
Échappés aux tyrans, ils nous suivent de près.

ACTE II, SCÈNE XI.

LÉONOR.

Ah! les agréables nouvelles!

CONSTANCE.

Ciel! qu'est-ce que je vois?

LES TROIS GRACES *et une troupe d'Amours et de Plaisirs paraissent sur la scène.*

LÉONOR.

Les Grâces, les Amours!

LE DUC DE FOIX.

Ainsi Gaston de Foix veut vous servir toujours.

(*On danse.*)

SANCHETTE, *au duc de Foix.*

(*Interrompant la danse.*)

Ce sont donc là ses domestiques?
Que les grands sont heureux, et qu'ils sont magnifiques!
Quoi! de toute princesse est-ce là la maison?
Ah! que j'en sois, je vous conjure.
Quel cortége! quel train!

LE DUC DE FOIX.

Ce cortége est un don
Qui vient des mains de la nature;
Toute femme y prétend.

SANCHETTE.

Puis-je y prétendre aussi?

LE DUC DE FOIX.

Oui, sans doute, avec vous les grâces sont ici :
Les grâces suivent la jeunesse,
Et vous les partagez avec cette princesse.

SANCHETTE.

Il le faut avouer, on n'a point de parent

Plus agréable et plus galant.
Venez que je vous parle; expliquez-moi de grâce
Ce qu'est un duc de Foix, et tout ce qui se passe :
Restez auprès de moi, contez-moi tout cela;
Et parlez-moi toujours pendant qu'on dansera.

(*Elle s'assied auprès du duc de Foix.*)

(*On danse.*)

LES TROIS GRACES *chantent.*

La nature, en vous formant,
  Près de vous nous fit naître;
Loin de vos yeux nous ne pouvions paraître :
  Nous vous servons fidèlement :
Mais le charmant Amour est notre premier maître.

(*On danse.*)

UNE DES GRACES.

Vents furieux, tristes tempêtes,
  Fuyez nos climats :
Beaux jours, levez-vous sur nos têtes;
  Fleurs, naissez sur nos pas.

(*On danse.*)

  Echo, voix errante,
  Légère habitante
    De ce séjour,
  Echo, fille de l'amour,
Doux rossignol, bois épais, onde pure,
Répétez avec moi ce que dit la nature :
  Il faut aimer à son tour.

(*On danse.*)

ACTE II, SCÈNE XI.

UN PLAISIR.

(*Paroles sur un menuet.*)

(PREMIER COUPLET.)

Non, le plus grand empire
Ne peut remplir un cœur :
Charmant vainqueur,
Dieu séducteur,
C'est ton délire
Qui fait le bonheur.

(*On danse.*)

UNE BERGÈRE.	UN BERGER.
J'aime, et je crains ma flamme ;	Ah ! le refus, la feinte
Je crains le repentir.	Ont des charmes puissants :
Tendre desir,	Desirs naissants,
Premier plaisir,	Combats charmants,
Dieu de mon ame,	Tendre contrainte,
Fais-moi moins gémir.	Tout sert les amants.

(*On danse.*)

UN AMOUR, *alternativement avec le chœur.*

Divinité de cet heureux séjour,
Triomphe et fais grâce ;
Pardonne à l'audace,
Pardonne à l'amour.

(*On danse.*)

LE MÊME AMOUR.

Toi seule es cause
De ce qu'il ose ;
Toi seule allumas ses feux.
Quel crime est plus pardonnable !

C'est celui de tes beaux yeux;
En les voyant, tout mortel est coupable.
LE CHOEUR.
Divinité de cet heureux séjour,
Triomphe et fais grâce;
Pardonne à l'audace,
Pardonne à l'amour.
CONSTANCE.
On pardonne à l'amour, et non pas à l'audace:
Un téméraire amant, ennemi de ma race,
Ne pourra m'apaiser jamais.
LE DUC DE FOIX.
Je connais son malheur, et sans doute il l'accable;
Mais serez-vous toujours inexorable?
CONSTANCE.
Alamir, je vous le promets.
LE DUC DE FOIX.
On ne fuit point sa destinée :
Les devins ont prédit à votre ame étonnée
Qu'un jour votre ennemi serait votre vainqueur.
CONSTANCE.
Les devins se trompaient; fiez-vous à mon cœur.
LE CHOEUR *chante.*
On diffère vainement;
Le sort nous entraîne,
L'amour nous amène
Au fatal moment.

(*Trompettes et timbales.*)
CONSTANCE.
Mais d'où partent ces cris, ces sons, ce bruit de guerre?

ACTE II, SCÈNE XI.

HERNAND, *arrivant avec précipitation.*

On marche, et les Français précipitent leurs pas ;
Ils n'attendent personne.

LE DUC DE FOIX.

Ils ne m'attendront pas;
Et je vole avec eux.

CONSTANCE.

Les jeux et les combats
Tour-à-tour aujourd'hui partagent-ils la terre?
Où fuyez-vous, où portez-vous vos pas?

LE DUC DE FOIX.

Je sers sous les Français, et mon devoir m'appelle;
Ils combattent pour vous : jugez s'il m'est permis
De rester un moment loin d'un peuple fidèle
Qui vient vous delivrer de tous vos ennemis.

(*Il sort.*)

CONSTANCE, *à Léonor.*

Ah, Léonor! cachons un trouble si funeste.
La liberté des pleurs est tout ce qui me reste.

(*Elles sortent.*)

SANCHETTE.

Sans ce brave Alamir, que devenir? hélas!

MORILLO.

Que d'aventures! quel fracas!
Quels démons en un jour assemblent des alcades,
Des Alamir, des sérénades,
Des princesses et des combats!

SANCHETTE.

Vous allez donc aussi servir cette princesse?
Vous suivrez Alamir? vous combattrez?

MORILLO.

Qui, moi?
Quelque sot! Dieu m'en garde.

SANCHETTE.

Et pourquoi non?

MORILLO.

Pourquoi?
C'est que j'ai beaucoup de sagesse.
Deux rois s'en vont combattre à cinq cents pas d'ici,
Ce sont des affaires fort belles :
Mais ils pourront sans moi terminer leurs querelles,
Et je ne prends point de parti.

FIN DU SECOND ACTE.

ACTE TROISIÈME.

SCÈNE I.

CONSTANCE, LÉONOR, HERNAND.

LÉONOR.

Quel est notre destin?

HERNAND.

Délivrance et victoire.

CONSTANCE.

Quoi! don Pèdre est défait?

HERNAND.

Oui, rien ne peut tenir
Contre un peuple né pour la gloire,
Pour vaincre et pour vous obéir.
On poursuit les fuyards.

CONSTANCE.

Et le brave Alamir?

HERNAND.

Madame, on doit à sa personne
La moitié du succès que ce grand jour nous donne :
Invincible aux combats, comme avec vous soumis,
Il vole à la mêlée aussi-bien qu'aux aubades;
Il a traité nos ennemis
Comme il a traité les alcades.

Il est en ce moment avec le duc de Foix,
Dont nos soldats charmés célèbrent les exploits :
Mais il pense à vous seule, et, pénétré de joie,
  A vos pieds Alamir m'envoie;
Et je sens, comme lui, les transports les plus doux,
  Qu'il ait deux fois vaincu pour vous.

CONSTANCE.

Je veux absolument savoir de votre bouche...

HERNAND.

Eh quoi, Madame?

CONSTANCE.

    Un secret qui me touche;
Je veux savoir quel est ce généreux guerrier.

HERNAND.

Puis-je parler, Madame, avec quelque assurance?

CONSTANCE.

Ah! parlez : est-ce à lui de cacher sa naissance?
Qu'est-il? répondez-moi.

HERNAND.

    C'est un brave officier
 Dont l'ame est assez peu commune;
  Elle est au-dessus de son rang :
Comme tant de Français, il prodigue son sang :
Il se ruine enfin pour faire sa fortune.

LÉONOR.

Il la fera, sans doute.

CONSTANCE.

   Et quel est son projet?

HERNAND.

D'être toujours votre sujet,
D'aller à votre cour, d'y servir avec zèle,
De combattre pour vous, de vivre et de mourir,
    De vous voir, de vous obéir,
      Toujours généreux et fidèle;
Appartenir à vous est tout ce qu'il prétend.

CONSTANCE.

Ah, le Ciel lui devait un sort plus éclatant!
Rien qu'un simple officier! mais dans cette occurrence
    Quel parti prend le duc de Foix?

HERNAND.

  Votre parti, le parti de la France,
    Le parti du meilleur des rois.

CONSTANCE.

Que n'osera-t-il point? que va-t-il entreprendre?
Où va-t-il?

HERNAND.

    A Burgos il doit bientôt se rendre.
Je cours vers Alamir : ne lui pourrai-je apprendre
    Si mon message est bien reçu?

CONSTANCE.

Allez; et dites-lui que le cœur de Constance
    S'intéresse à tant de vertu
    Plus encor qu'à ma délivrance.

SCÈNE II.

CONSTANCE, LÉONOR.

CONSTANCE.

Rien qu'un simple officier !

LÉONOR.

Tout le monde le dit.

CONSTANCE.

Mon cœur ne peut le croire, et mon front en rougit.

LÉONOR.

J'ignore de quel sang le destin l'a fait naître,
Mais on est ce qu'on veut avec un si grand cœur.
C'est à lui de choisir le nom dont il veut être;
Il lui fera beaucoup d'honneur.

CONSTANCE.

Que de vertu! que de grandeur!
Combien sa modestie illustre sa valeur!

LÉONOR.

C'est peu d'être modeste, il faut avoir encore
De quoi pouvoir ne l'être pas.
Mais ce héros a tout, courage, esprit, appas :
S'il a quelques défauts, pour moi je les ignore,
Et vos yeux ne les verraient pas.
J'ai vu quelques héros assez insupportables;
Et l'homme le plus vertueux
Peut être le plus ennuyeux :
Mais comment résister à des vertus aimables?

CONSTANCE.

Alamir fera mon malheur.
Je lui dois trop d'estime et de reconnaissance.

ACTE III, SCÈNE II.

LÉONOR.

Déjà dans votre cœur il a sa récompense ;
J'en crois assez votre rougeur ;
C'est de nos sentiments le premier témoignage.

CONSTANCE.

C'est l'interprète de l'honneur.
Cet honneur attaqué dans le fond de mon cœur
S'en indigne sur mon visage.
O Ciel ! que devenir, s'il était mon vainqueur !
Je le crains, je me crains moi-même ;
Je tremble de l'aimer, et je ne sais s'il m'aime.

LÉONOR.

Il voit que votre orgueil serait trop offensé
Par ce mot dangereux, si charmant et si tendre ;
Il ne vous l'a pas prononcé :
Mais qu'il sait bien le faire entendre !

CONSTANCE.

Ah ! son respect encore est un charme de plus.
Alamir, Alamir a toutes les vertus.

LÉONOR.

Que lui manque-t-il donc ?

CONSTANCE.

Le hasard, la naissance.
Quelle injustice ! ô Ciel !... mais sa magnificence,
Ces fêtes, cet éclat, ses étonnants exploits,
Ce grand air, ses discours, son ton même, sa voix...

LÉONOR.

Ajoutez-y l'amour qui parle en sa défense.
Sans doute il est du sang des rois.

CONSTANCE.

Tout me le dit, et je le crois.
Son amour délicat voulait que je rendisse
A tant de grandeur d'ame, à ce rare service,
Ce qu'ailleurs on immole à son ambition.
Ah! si pour m'éprouver il m'a caché son nom,
  S'il n'a jamais d'autre artifice,
S'il est prince, s'il m'aime!... O Ciel! que me veut-on?

SCÈNE III.

CONSTANCE, LÉONOR, SANCHETTE.

SANCHETTE.

Madame, à vos genoux souffrez que je me jette;
  Madame, protégez Sanchette.
Je vous ai mal connue, et pourtant malgré moi,
Je sentais du respect, sans savoir bien pourquoi.
Vous voilà, je crois, reine; il faut à tout le monde
  Faire du bien à tout moment,
A commencer par moi.

CONSTANCE.
    Si le sort me seconde,
C'est mon projet, du moins.

LÉONOR.
     Eh bien! ma belle enfant,
Madame a des bontés; quel bien faut-il vous faire?

SANCHETTE.
On dit le duc de Foix vainqueur;
Mais je prends peu de part au destin de la guerre :

Tout cela m'épouvante, et ne m'importe guère;
J'aime, et c'est tout pour moi.

CONSTANCE.

Votre aimable candeur
M'intéresse pour vous; parlez, soyez sincère.

SANCHETTE.

Ah, je suis de très-bonne foi.
J'aime Alamir, Madame, et j'avais su lui plaire;
Il devait parler à mon père;
Il est de mes parents; il vint ici pour moi.

CONSTANCE, *se tournant vers Léonor.*

Son parent, Léonor!

SANCHETTE.

En écoutant ma plainte,
D'un profond déplaisir votre ame semble atteinte!

CONSTANCE.

Il l'aimait!

SANCHETTE.

Votre cœur paraît bien agité!

CONSTANCE.

Je vous ai donc perdue, illusion flatteuse!

SANCHETTE.

Peut-on se voir princesse, et n'être pas heureuse!

CONSTANCE.

Hélas! votre simplicité
Croit que dans la grandeur est la félicité;
Vous vous trompez beaucoup: ce jour doit vous apprendre
Que dans tous les états il est des malheureux.
Vous ne connaissez pas mes destins rigoureux.
Au bonheur, croyez-moi, c'est à vous de prétendre.

Mon cœur de ce grand jour est encore effrayé;
Le ciel me conduisit de disgrace en disgrace :
Mon sort peut-il être envié?

SANCHETTE.

Votre altesse me fait pitié;
Mais je voudrais être à sa place.
Il ne tiendrait qu'à vous de finir mon tourment.
Alamir est tout fait pour être mon amant.
Je bénis bien le Ciel que vous soyez princesse :
Il faut un prince à votre altesse;
Un simple gentilhomme est peu pour vos appas.
Seriez-vous assez rigoureuse
Pour m'ôter mon amant, en ne le prenant pas,
Vous qui semblez si généreuse?

CONSTANCE, *ayant un peu rêvé.*

Allez... ne craignez rien... quoi! le sang vous unit?

SANCHETTE.

Oui, Madame.

CONSTANCE.

Il vous aime?

SANCHETTE.

Oui, d'abord il l'a dit,
Et d'abord je l'ai cru; souffrez que je le croie :
Madame, tout mon cœur avec vous se déploie.
Chez messieurs mes parents je me mourais d'ennui;
Il faut qu'en l'épousant, pour comble de ma joie,
J'aille dans votre cour vous servir avec lui.

CONSTANCE.

Vous! avec Alamir!

ACTE III, SCÈNE III.

SANCHETTE.

Vous connaissez son zèle;
Madame, qu'avec lui votre cour sera belle!
Quel plaisir de vous y servir!
Ah! quel charme de voir et sa reine et son prince!
Un chagrin à la cour donne plus de plaisir
Que mille fêtes en province.
Mariez-nous, Madame, et faites-nous partir.

CONSTANCE.

Etouffe tes soupirs, malheureuse Constance;
Soyons en tous les temps digne de ma naissance...
Oui, vous l'épouserez... comptez sur mon appui.
Au vaillant Alamir je dois ma délivrance;
Il a tout fait pour moi... je vous unis à lui,
Et vous serez sa récompense.

SANCHETTE.

Parlez donc à mon père.

CONSTANCE.

Oui.

SANCHETTE.

Parlez aujourd'hui,
Tout-à-l'heure.

CONSTANCE.

Oui... Quel trouble et quel effort extrême!

SANCHETTE.

Quel excès de bonté! je tombe à vos genoux,
Madame; et je ne sais qui j'aime
Le plus sincèrement d'Alamir ou de vous.

(Elle fait quelques pas pour s'en aller.)

CONSTANCE.

De mon sort ennemi la rigueur est constante.

SANCHETTE, *revenant*.

C'est à condition que vous m'emmènerez?

CONSTANCE.

C'en est trop.

SANCHETTE.

De nous deux vous serez si contente!

(*A Léonor.*)

Avertissez-moi, vous, lorsque vous partirez.

(*En s'en allant.*)

Que je suis une heureuse fille!
Qu'on va me respecter ce soir dans ma famille!

SCÈNE IV.

CONSTANCE, LÉONOR.

CONSTANCE.

A quels maux différents tous mes jours sont livrés!
Léonor, connais-tu ma peine et mon outrage?

LÉONOR.

Je supportais, Madame, avec tranquillité
Les persécutions, le couvent, le voyage;
J'essuyais même avec gaîté
Ces infortunes de passage :
Vous me faites enfin connaître la douleur;
Tout le reste n'est rien près des peines du cœur :
Le vrai malheur est son ouvrage.

CONSTANCE.

Je suis accoutumée à dompter le malheur.

ACTE III, SCÈNE IV.

LÉONOR.

Ainsi par vos bontés sa parente l'épouse.
Il méritait d'autres appas.

CONSTANCE.

Si j'étais son égale, hélas!
Que mon ame serait jalouse!
Oublions Alamir, ses vertus, ses attraits,
Ce qu'il est, ce qu'il devrait être,
Tout ce qui de mon cœur s'est presque rendu maître...
Non, je ne l'oublîrai jamais.

LÉONOR.

Vous ne l'oublîrez point? vous le cédez!

CONSTANCE.

Sans doute.

LÉONOR.

Hélas! que cet effort vous coûte!
Mais ne serait-il point un effort généreux,
Non moins grand, beaucoup plus heureux,
Celui d'être au-dessus de la grandeur suprême?
Vous pouvez aujourd'hui disposer de vous-même.
Elever un héros, est-ce vous avilir?
Est-ce donc par orgueil qu'on aime?
N'a-t-on que des rois à choisir?
Alamir ne l'est pas; mais il est brave et tendre.

CONSTANCE.

Non, le devoir l'emporte, et tel est son pouvoir..

LÉONOR.

Hélas! gardez-vous bien de prendre
La vanité pour le devoir.
Que résolvez-vous donc?

CONSTANCE.

     Moi ! d'être au désespoir,
D'obéir, en pleurant, à ma gloire importune,
D'éloigner le héros dont je me sens charmer,
De goûter le bonheur de faire sa fortune,
Ne pouvant me livrer au bonheur de l'aimer.

(*On entend derrière le théâtre un bruit de trompettes.*)

CHOEUR.

Triomphe, victoire :
L'équité marche devant nous ;
Le ciel y joint la gloire ;
L'ennemi tombe sous nos coups :
Triomphe, victoire.

LÉONOR.

Est-ce le duc de Foix qui prétend par des fêtes
Vous mettre encor, Madame, au rang de ses conquêtes ?

CONSTANCE.

Ah ! je déteste le parti
Dont la victoire a secondé ses armes ;
Quel qu'il soit, Léonor, il est mon ennemi.
Puisse le duc de Foix, auteur de mes alarmes,
Puissent don Pèdre et lui l'un par l'autre périr !
Mais, ô Ciel ! conservez mon vengeur Alamir,
Dût-il ne point m'aimer, dût-il causer mes larmes !

SCÈNE V.

LE DUC DE FOIX, CONSTANCE, LÉONOR.

LE DUC DE FOIX.

Madame, les Français ont délivré ces lieux ;
Don Pèdre est descendu dans la nuit éternelle.
  Gaston de Foix victorieux
  Attend encore une gloire plus belle,
Et demande l'honneur de paraître à vos yeux.

CONSTANCE.

Que dites-vous, et qu'osez-vous m'apprendre ?
Il paraîtrait en des lieux où je suis !
  Don Pèdre est mort, et mes ennuis
  Survivraient encore à sa cendre !

LE DUC DE FOIX.

Gaston de Foix vainqueur en ces lieux va se rendre.
J'ai combattu sous lui ; j'ai vu dans ce grand jour
Ce que peut le courage, et ce que peut l'amour.
Pour moi, seul malheureux (si pourtant je puis l'être,
Quand des jours plus sereins pour vous semblent renaître),
Pénétré, plein de vous jusqu'au dernier soupir,
Je n'ai qu'à m'éloigner, ou plutôt qu'à vous fuir.

CONSTANCE.

Vous partez !

LE DUC DE FOIX.

Je le dois.

CONSTANCE.

Arrêtez, Alamir.

LE DUC DE FOIX.

Madame!

CONSTANCE.

Demeurez; je sais trop quelle vue
Vous conduisit en ce séjour.

LE DUC DE FOIX.

Quoi! mon ame vous est connue?

CONSTANCE.

Oui.

LE DUC DE FOIX.

Vous sauriez?

CONSTANCE.

Je sais que d'un tendre retour
On peut payer vos vœux; je sais que l'innocence,
Qui des dehors du monde a peu de connaissance,
  Peut plaire et connaître l'amour;
Je sais qui vous aimiez, et même avant ce jour;
Elle est votre parente, et doublement heureuse.
Je ne m'étonne point qu'une ame vertueuse
  Ait pu vous chérir à son tour.
Ne partez point; je vais en parler à sa mère:
La doter richement est le moins que je doi;
Devenant votre épouse, elle me sera chère;
Ce que vous aimerez, aura des droits sur moi.
  Dans vos enfants je chérirai leur père;
Vos parents, vos amis, me tiendront lieu des miens;
Je les comblerai tous de dignités, de biens:
C'est trop peu pour mon cœur, et rien pour vos services.
Je ne ferai jamais d'assez grands sacrifices;

Après ce que je dois à vos heureux secours,
Cherchant à m'acquitter, je vous devrai toujours.

LE DUC DE FOIX.

Je ne m'attendais pas à cette récompense.
Madame, ah! croyez-moi, votre reconnaissance
Pourrait me tenir lieu des plus grands châtiments.
Non, vous n'ignorez pas mes secrets sentiments;
Non, vous n'avez point cru qu'une autre ait pu me plaire.
Vous voulez, je le vois, punir un téméraire;
Mais laissez-le à lui-même, il est assez puni.
Sur votre renommée, à vous seule asservi,
Je me crus fortuné pourvu que je vous visse,
Je crus que mon bonheur était dans vos beaux yeux:
Je vous vis dans Burgos, et ce fut mon supplice.
 Oui, c'est un châtiment des dieux
D'avoir vu de trop près leur chef-d'œuvre adorable :
Le reste de la terre en est insupportable;
Le ciel est sans clarté, le monde est sans douceurs;
On vit dans l'amertume, on dévore ses larmes;
Et l'on est malheureux auprès de tant de charmes,
 Sans pouvoir être heureux ailleurs.

CONSTANCE.

Quoi! je serais la cause et l'objet de vos peines!
 Quoi! cette innocente beauté
 Ne vous tenait pas dans ses chaînes!
Vous osez...

LE DUC DE FOIX.

 Cet aveu plein de timidité,
Cet aveu de l'amour le plus involontaire,
Le plus pur à-la-fois et le plus emporté,

Le plus respectueux, le plus sûr de déplaire;
Cet aveu malheureux peut-être a mérité
    Plus de pitié que de colère.

CONSTANCE.

Alamir, vous m'aimez!

LE DUC DE FOIX.

                Oui, dès long-temps ce cœur
D'un feu toujours caché brûlait avec fureur;
De ce cœur éperdu voyez toute l'ivresse ;
A peine encor connu par ma faible valeur,
Né simple cavalier, amant d'une princesse,
    Jaloux d'un prince et d'un vainqueur,
Je vois le duc de Foix amoureux, plein de gloire,
Qui, du grand du Guesclin compagnon fortuné,
    Aux yeux de l'Anglais consterné,
Va vous donner un roi des mains de la victoire.
Pour toute récompense il demande à vous voir :
Oubliant ses exploits, n'osant s'en prévaloir,
Il attend son arrêt, il l'attend en silence.
Moins il espère, et plus il semble mériter;
    Est-ce à moi de rien disputer
Contre son nom, sa gloire, et surtout sa constance?

CONSTANCE.

A quoi suis-je réduite! Alamir, écoutez :
Vos malheurs sont moins grands que mes calamités;
Jugez-en; concevez mon désespoir extrême :
Sachez que mon devoir est de ne voir jamais
    Ni le duc de Foix, ni vous-même.
Je vous ai déjà dit à quel point je le hais;
Je vous dis encor plus : son crime impardonnable

ACTE III, SCÈNE V.

Excitait mon juste courroux;
Ce crime jusqu'ici le fit seul haïssable,
Et je crains à présent de le haïr pour vous.
Après un tel discours, il faut que je vous quitte.

LE DUC DE FOIX.

Non, Madame, arrêtez; il faut que je mérite
Cet oracle étonnant qui passe mon espoir.
Donner pour vous ma vie est mon premier devoir;
Je puis punir encor ce rival redoutable :
Même au milieu des siens je puis percer son flanc,
Et noyer tant de maux dans les flots de son sang;
J'y cours.

CONSTANCE.

Ah! demeurez; quel projet effroyable!
Ah! respectez vos jours à qui je dois les miens;
Vos jours me sont plus chers que je ne hais les siens.

LE DUC DE FOIX.

Mais est-il en effet si sûr de votre haine?

CONSTANCE.

Hélas! plus je vous vois, plus il m'est odieux.

LE DUC DE FOIX, *se jetant à genoux, et présentant son épée.*

Punissez donc son crime en terminant sa peine;
Et puisqu'il doit mourir, qu'il expire à vos yeux.
Il bénira vos coups : frappez; que cette épée
Par vos divines mains soit dans son sang trempée,
Dans ce sang malheureux, brûlant pour vos attraits.

CONSTANCE, *l'arrêtant.*

Ciel! Alamir, que vois-je, et qu'avez-vous pu dire?

Alamir, mon vengeur, vous par qui je respire...
Etes-vous celui que je hais?

LE DUC DE FOIX.

Je suis celui qui vous adore;
Je n'ose prononcer encore
Ce nom haï long-temps, et toujours dangereux;
Mais parlez : de ce nom faut-il que je jouisse?
Faudra-t-il qu'avec moi ma mort l'ensevelisse,
Ou que de tous les noms il soit le plus heureux?
J'attends de mon destin l'arrêt irrévocable;
Faut-il vivre, faut-il mourir?

CONSTANCE.

Ne vous connaissant pas, je croyais vous haïr,
Votre offense à mes yeux semblait inexcusable.
Mon cœur à son courroux s'était abandonné;
Mais je sens que ce cœur vous aurait pardonné,
S'il avait connu le coupable.

LE DUC DE FOIX.

Quoi! ce jour a donc fait ma gloire et mon bonheur!

CONSTANCE.

De don Pèdre et de moi vous êtes le vainqueur.

SCÈNE VI.

MORILLO, SANCHETTE, HERNAND, ET LES ACTEURS
DE LA SCÈNE PRÉCÉDENTE; SUITE.

MORILLO.

Allons, une princesse est bonne à quelque chose :
Puisqu'elle veut te marier,
Et que ton bon cœur s'y dispose,

ACTE III, SCÈNE VI.

Je vais au plus vite, et pour cause,
Avec Alamir te lier,
Et conclure à l'instant la chose.

(*Apercevant Alamir qui parle bas, et qui embrasse les genoux de la princesse.*)

Oh, oh! que fait donc là mon petit officier?
Avec elle tout bas il cause
D'un air tant soit peu familier!

SANCHETTE.

A genoux il va la prier
De me donner à lui pour femme :
Elle ne répond point; ils sont d'accord!

CONSTANCE, *au duc de Foix, à qui elle parlait bas auparavant.*

Mon ame,
Mes Etats, mon destin, tout est au duc de Foix;
Je vous le dis encor : vos vertus, vos exploits
Me sont moins chers que votre flamme.

SANCHETTE.

Le duc de Foix! mon père, avez-vous entendu?

MORILLO.

Lui, duc de Foix! te moques-tu?
Il est notre parent.

SANCHETTE.

S'il allait ne plus l'être?

HERNAND.

Il vous faut avouer que ce héros mon maître,
Qui fut votre parent pendant une heure ou deux,
Est un prince puissant, galant, victorieux,
Et qu'il s'est fait enfin connaître.

LE DUC DE FOIX, *en se retournant vers Hernand.*
Ah! dites seulement qu'il est un prince heureux;
Dites que pour jamais il consacre ses vœux
A cet objet charmant notre unique espérance,
La gloire de l'Espagne, et l'amour de la France.

SANCHETTE.

Adieu mon mariage! Hélas! trop bonnement,
Moi, j'ai cru qu'on m'aimait.

MORILLO.

      Quelle étrange journée!

SANCHETTE.

A qui serai-je donc?

CONSTANCE.

     A ma cour amenée,
Je vous promets un établissement :
J'aurai soin de votre hyménée.

LÉONOR.

Ce sera, s'il vous plaît, avec un autre amant.

SANCHETTE, *à la princesse.*

Si je vis à vos pieds, je suis trop fortunée.

MORILLO.

Le duc de Foix, comme je voi,
Me faisait donc l'honneur de se moquer de moi.

LE DUC DE FOIX.

Il faudra bien qu'on me pardonne.
La victoire et l'amour ont comblé tous nos vœux;
Qu'au plaisir désormais ici tout s'abandonne :
Constance daigne aimer; l'univers est heureux.

FIN DE LA PRINCESSE DE NAVARRE.

DIVERTISSEMENT
QUI TERMINAIT LE SPECTACLE.

Le théâtre représente les Pyrénées. L'AMOUR descend sur un char, son arc à la main.

L'AMOUR.

De rochers entassés amas impénétrable,
Immense Pyrénée, en vain vous séparez
Deux peuples généreux à mes lois consacrés.
 Cédez à mon pouvoir aimable,
Cessez de diviser les climats que j'unis;
 Superbe montagne, obéis;
Disparaissez, tombez, impuissante barrière :
 Je veux dans mes peuples chéris
 Ne voir qu'une famille entière.
Reconnaissez ma voix et l'ordre de Louis :
Disparaissez, tombez, impuissante barrière.

CHOEUR D'AMOURS.

Disparaissez, tombez, impuissante barrière.

(*La montagne s'abîme insensiblement; les acteurs chantent et dansent sur le théâtre, qui n'est pas encore orné.*)

L'AMOUR.

Par les mains d'un grand roi, le fier dieu de la guerre
 A vu les remparts écroulés
 Sous les coups redoublés

De son nouveau tonnerre;
Je dois triompher à mon tour :
Pour changer tout sur la terre
Un mot suffit à l'Amour.

CHOEUR *des suivants de l'Amour.*

Disparaissez, tombez, impuissante barrière.

(*Il se forme à la place de la montagne un vaste et magnifique temple consacré à l'Amour, au fond duquel est un trône que l'Amour occupe.*)

Ce temple est rempli de quatre quadrilles distinguées par leurs habits et par leurs couleurs; chaque quadrille a ses drapeaux.

Celle de FRANCE porte dans son drapeau pour devise un lis entouré de rejetons : *Lilia per orbem.*

L'ESPAGNE, un soleil et un parélie : *Sol è sole.*

La quadrille de NAPLES : *Recepit et servat.*

La quadrille de DON PHILIPPE : *Spe et animo.*

(*On danse.*)

(Paroles sur une chaconne.)

Amour, dieu charmant, ta puissance
A formé ce nouveau séjour;
Tout ressent ici ta présence,
Et le monde entier est ta cour.

UNE FRANÇAISE.

Les vrais sujets du tendre Amour
Sont le peuple heureux de la France.

LE CHOEUR.

Amour, dieu charmant, ta puissance
A formé ce nouveau séjour, etc.

(*On danse.*)

DIVERTISSEMENT.

Après la danse, UNE VOIX *chante alternativement avec le chœur.*

Mars, Amour sont nos dieux ;
Nous les servons tous deux.

Accourez après tant d'alarmes ;
Volez, Plaisirs, enfants des cieux ;
Au cri de Mars, au bruit des armes
Mêlez vos sons harmonieux :
A tant d'exploits victorieux,
Plaisirs, mesurez tous vos charmes.

(*On danse.*)

CHOEUR.

La gloire toujours nous appelle,
Nous marchons sous ses étendards,
Brûlant de l'ardeur la plus belle
Pour Louis, pour l'Amour et Mars.

DUO.

Charmants plaisirs, nobles hasards,
Quel peuple vous est plus fidèle !

CHOEUR.

Mars, Amour sont nos dieux,
Nous les servons tous deux.

(*On continue la danse.*)

UN FRANÇAIS.

Amour, dieu des héros, sois la source féconde
De nos exploits victorieux ;
Fais toujours de nos rois les premiers rois du monde,
Comme tu l'es des autres dieux.

(*On danse.*)

DIVERTISSEMENT.

UN ESPAGNOL ET UN NAPOLITAIN.

A jamais de la France ;
Recevons nos rois,
Que la même vaillance
Triomphe sous les mêmes lois.

(*On danse.*)

(*Air de trompette, suivi d'un air de musette. Parodie sur l'un et l'autre.*)

UN FRANÇAIS.

Hymen, frère de l'Amour,
Descends dans cet heureux séjour.
Vois ta plus brillante fête
Dans ton empire le plus beau :
C'est la gloire qui l'apprête ;
Elle allume ton flambeau ;
Ses lauriers ceignent ta tête.

Hymen, frère de l'Amour,
Descends dans cet heureux séjour.

(L'HYMEN *descend dans un char accompagné de* L'AMOUR, *pendant que le chœur chante;* L'HYMEN *et* L'AMOUR *forment une danse caractérisée; ils se fuient, ils se chassent tour-à-tour; ils se réunissent, ils s'embrassent, et changent de flambeau.*)

DUO.

Charmant Hymen, dieu tendre, dieu fidèle,
Sois la source éternelle
Du bonheur des humains :
Régnez, race immortelle,
Féconde en souverains.

DIVERTISSEMENT.

PREMIÈRE VOIX. SECONDE VOIX.

Donnez de justes lois.   Triomphez par les armes.

PREMIÈRE VOIX.

Epargnez tant de sang, essuyez tant de larmes.

SECONDE VOIX.

Non, c'est à la victoire à nous donner la paix.

Ensemble.

Dans vos mains gronde le tonnerre,
Effrayez } la terre.
Rassurez }
Frappez vos ennemis ; répandez vos bienfaits.

(*On reprend.*)

Charmant Hymen, dieu tendre, etc.

(*On danse.*)

BALLET GÉNÉRAL DES QUATRE QUADRILLES.

GRAND CHOEUR.

Régnez, race immortelle,
Féconde en souverains, etc.

LA PRUDE,

COMÉDIE

REPRÉSENTÉE EN 1747.

AVERTISSEMENT.

Cette pièce est bien moins une traduction qu'une esquisse de la fameuse comédie de Wicherley, intitulée *Plain dealer* (l'Homme au franc procédé). Cette pièce a encore en Angleterre la même réputation que le *Misanthrope* en France. L'intrigue est beaucoup plus compliquée, plus intéressante, plus chargée d'incidents; la critique y est beaucoup plus forte; et les mœurs y sont d'une hardiesse extrême. Il semble que les Anglais prennent trop de liberté, et que les Français n'en prennent pas assez.

La licence du temps de Charles II, époque où vivait l'auteur, était aussi effrénée que le fanatisme avait été sombre et barbare du temps de l'infortuné Charles Ier.

Croira-t-on que, chez les nations polies, les termes les moins honnêtes sont prodigués dans une comédie où toute une cour très-spirituelle allait en foule?

Croira-t-on que la connaissance la plus approfondie du cœur humain, les peintures les plus vraies et les plus brillantes, les traits d'esprit les plus fins, se trouvent dans le même ouvrage?

Rien n'est cependant plus vrai. Je ne connais point de comédie chez les anciens ni chez les modernes où il y ait autant d'esprit. Mais c'est une sorte d'esprit qui s'évapore en partie dès qu'il passe chez l'étranger.

Nos bienséances, ne m'ont pas permis d'imiter cette pièce dans toutes ses parties; il a fallu en retrancher des rôles tout entiers.

Je n'ai donc donné ici qu'une légère idée de la hardiesse anglaise; et cette imitation, quoique partout voilée, est peut-être encore trop forte, pour qu'on ait cru pouvoir en hasarder la représentation sur le théâtre de Paris *.

* Quoique quelques-uns des caractères variés et soutenus dans cette comédie, paraissent étrangers à nos mœurs, ils intéressent l'observateur. Les détails faciles et élégants de plusieurs scènes, la finesse et la naïveté des traits, qu'on y remarque, en rendent la lecture piquante, malgré les modifications qu'a subies l'un des chefs-d'œuvre du théâtre anglais.

La *Prude*, que nous conservons par ces divers motifs, est une satire de mœurs, qui blesse moins les convenances que l'*Écossaise*, satire personnelle et amère, qu'un théâtre choisi de l'Auteur ne paraît pas devoir comporter.

PROLOGUE [1].

MADAME DU TOUR, VOLTAIRE.

MADAME DU TOUR.

Non, je ne joûrai pas : le bel emploi vraiment,
 La belle farce qu'on apprête !
 Le plaisant divertissement
Pour le jour de Louis, pour cette auguste fête,
Pour la fille des rois, pour le sang des héros,
Pour le juge éclairé de nos meilleurs ouvrages,
Vanté des beaux-esprits, consulté par les sages,
 Et pour la baronne de Sceaux !

VOLTAIRE.

Mais pour être baronne est-on si difficile ?
 Je sais que sa cour est l'asile
Du goût que les Français savaient jadis aimer ;
Mais elle est le séjour de la douce indulgence.
On a vu son suffrage enseigner à la France
 Ce que l'on devait estimer :
 On la voit garder le silence,
Et ne décider point alors qu'il faut blâmer.

MADAME DU TOUR.

Elle se taira donc, Monsieur, à votre farce.

---

(1) *La Prude* fut représentée sur le théâtre d'Anet pour madame la duchesse du Maine. M. de Voltaire y joua, et fit ce prologue pour annoncer la pièce.

VOLTAIRE.

Et pourquoi, s'il vous plaît?

MADAME DU TOUR.

Oh! parce
Que l'on hait les mauvais plaisants.

VOLTAIRE.

Mais que voulez-vous donc pour vos amusements?

MADAME DU TOUR.

Toute autre chose.

VOLTAIRE.

Eh quoi! des tragédies
Qui du théâtre anglais soient d'horribles copies?

MADAME DU TOUR.

Non, ce n'est pas ce qu'il nous faut;
La pitié, non l'horreur, doit régner sur la scène.
Des sauvages Anglais la triste Melpomène
Prit pour théâtre un échafaud.

VOLTAIRE.

Aimez-vous mieux la sage et grave comédie,
Où l'on instruit toujours, où jamais on ne rit,
Où Sénèque et Montaigne étalent leur esprit,
Où le public enfin bat des mains et s'ennuie?

MADAME DU TOUR.

Non; j'aimerais mieux Arlequin
Qu'un comique de cette espèce;
Je ne puis souffrir la sagesse,
Quand elle prêche en brodequin.

VOLTAIRE.

Oh! que voulez-vous donc?

PROLOGUE.

MADAME DU TOUR.

De la simple nature,
Un ridicule fin, des portraits délicats,
De la noblesse sans enflure;
Point de moralités; une morale pure
Qui naisse du sujet et ne se montre pas.
Je veux qu'on soit plaisant sans vouloir faire rire;
Qu'on ait un style aisé, gai, vif et gracieux :
Je veux enfin que vous sachiez écrire
Comme on parle en ces lieux.

VOLTAIRE.

Je vous baise les mains; je renonce à vous plaire.
Vous m'en demandez trop : je m'en tirerais mal;
Allez vous adresser à madame de Staal (1) :
Vous trouverez là votre affaire.

MADAME DU TOUR.

Oh! que je voudrais bien qu'elle nous eût donné
Quelque bonne plaisanterie!

VOLTAIRE.

Je le voudrais aussi; j'étais déterminé
A ne vous point lâcher ma vieille rapsodie,
Indigne du séjour aux Grâces destiné.

MADAME DU TOUR.

Eh! qui l'a donc voulu?

VOLTAIRE.

Qui l'a voulu? Thérèse...
C'est une étrange femme : il faut, ne vous déplaise,

(1) On connaît madame de Staal par ses Mémoires, quoiqu'elle ait eu l'intention *de ne s'y peindre qu'en buste*. Elle a fait aussi quelques comédies où il y a du naturel, de la gaîté et du bon ton.

Quitter tout dès qu'elle a parlé;
Dût-on être berné, sifflé,
Elle veut à-la-fois le bal, et comédie,
Jeu, toilette, opéra, promenade, soupé,
Des pompons, des magots, de la géométrie.
Son esprit, en tout temps, est de tout occupé;
Et, jugeant des autres par elle,
Elle croit que pour plaire on n'a qu'à le vouloir;
Que tous les arts, ornés d'une grâce nouvelle,
De briller dans Anet se feront un devoir,
Dès que Du Maine les appelle.
Passe pour les beaux-arts, ils sont faits pour ses yeux;
Mais non les farces insipides :
Gilles doit disparaître auprès des Euripides.
Je conçois vos raisons, et vous m'ouvrez les yeux.
On ne me joûra point.

MADAME DU TOUR.

Quoi? que voulez-vous dire?
On ne vous joûra point?... on vous joûra, morbleu!
Je vous trouve plaisant de vouloir nous prescrire
Vos volontés pour règle... Oh! nous verrons beau jeu.
Nous verrons si pour rien j'aurai pris tant de peine,
Que d'apprendre un plat rôle, et de le répéter...

VOLTAIRE.

Mais...

MADAME DU TOUR.

Mais je crois qu'ici vous voulez disputer?

VOLTAIRE.

Vous-même m'avez dit qu'il fallait sur la scène

PROLOGUE.

Plus d'esprit, plus de sens, des mœurs, un meilleur ton..
Un ouvrage en un mot...

MADAME DU TOUR.

Oui, vous avez raison ;
Mais je veux qu'on vous siffle, et j'en fais mon envie.
Si vous n'êtes plaisant, vous serez plaisanté :
    Et ce plaisir, en vérité,
    Vaut celui de la comédie.
Allons, et qu'on commence.

VOLTAIRE.

Oh, mais... vous m'avez dit...

MADAME DU TOUR.

J'aurai mon dit et mon dédit.

VOLTAIRE.

De berner un pauvre homme ayez plus de scrupule.

MADAME DU TOUR.

Vous voilà bien malade : il faut servir les grands.
On amuse souvent plus par son ridicule
    Que l'on ne plaît par ses talents.

VOLTAIRE.

Allons, soumettons-nous : la résistance est vaine.
Il faut bien s'immoler pour les plaisirs d'Anet.
Vous n'êtes dans ces lieux, Messieurs, qu'une centaine :
    Vous me garderez le secret.

AUTRE PROLOGUE,

Récité par M. de Voltaire, sur le théâtre de Sceaux, devant madame la duchesse du Maine, avant la représentation de la comédie de LA PRUDE, *le 15 décembre 1747.*

O vous! en tous les temps par Minerve inspirée,
Des plaisirs de l'esprit protectrice éclairée,
Vous avez vu finir ce siècle glorieux,
Ce siècle de talents accordé par les dieux.
  Vainement on se dissimule
Qu'on fait pour l'égaler des efforts superflus;
Favorisez au moins ce faible crépuscule
  Du beau jour qui ne brille plus.
Ranimez les accents des filles de Mémoire,
De la France à jamais éclairez les esprits;
Et lorsque vos enfants combattent pour sa gloire,
  Soutenez-la dans nos écrits.
Vous n'avez point ici de ces pompeux spectacles
Où les chants et la danse étalent leurs miracles;
Daignez vous abaisser à de moindres sujets;
L'esprit aime à changer de plaisirs et d'objets :
Nous possédons bien peu; c'est ce peu qu'on vous donne;
A peine en nos écrits verrez-vous quelques traits
D'un comique oublié que Paris abandonne.
Puissent tant de beautés, dont les brillants attraits
Valent mieux, à mon sens, que les vers les mieux faits,

AUTRE PROLOGUE.

S'amuser avec vous d'une Prude friponne,
    Qu'elles n'imiteront jamais!
    On peut bien sans effronterie
Aux yeux de la raison jouer la pruderie;
Tout défaut dans les mœurs à Sceaux est combattu :
Quand on fait devant vous la satire d'un vice,
C'est un nouvel hommage, un nouveau sacrifice
    Que l'on présente à la vertu.

PERSONNAGES.

Madame DORFISE, veuve.

Madame BURLET, sa cousine.

COLETTE, suivante de Dorfise.

BLANFORD, capitaine de vaisseau.

DARMIN, son ami.

BARTOLIN, caissier.

Le chevalier MONDOR.

ADINE, nièce de Darmin, déguisée en jeune Turc.

La scène est à Marseille.

LA PRUDE,
COMÉDIE.

ACTE PREMIER.

SCÈNE I.

DARMIN, ADINE.

ADINE, *habillée en Turc* (1).

Ah, mon cher oncle ! ah, quel cruel voyage !
Que de dangers ! quel étrange équipage !
Il faut encor cacher sous un turban
Mon nom, mon cœur, mon sexe et mon tourment.

DARMIN.

Nous arrivons : je te plains ; mais, ma nièce,
Lorsque ton père est mort consul en Grèce,
Quand nous étions tous deux après sa mort
Privés d'amis, de biens et de support,
Que ta beauté, tes grâces, ton jeune âge,
N'étaient pour toi qu'un funeste avantage ;

---

(1) Dans la pièce anglaise, cette jeune personne s'appelle Fidélia. Elle s'est déguisée en garçon, et a servi de page à Manly, capitaine de vaisseau.

Pour comble enfin, quand un maudit bacha
Si vivement de toi s'amouracha,
Que faire alors? ne fus-tu pas réduite
A te cacher, te masquer, partir vite?

ADINE.

D'autres dangers sont préparés pour moi.

DARMIN.

Ne rougis point, ma nièce, calme-toi;
Car à la hâte avec nous embarquée,
Vêtue en homme, en jeune Turc masquée,
Tu ne pouvais, ma nièce, honnêtement
Te dépêtrer de cet accoutrement,
Prendre du sexe et l'habit et la mine
Devant les yeux de vingt gardes-marine,
Qui tous étaient plus dangereux pour toi
Qu'un vieux bacha n'ayant ni foi ni loi.
Mais, par bonheur, tout s'arrange à merveille,
Et nous voici débarqués dans Marseille,
Loin des bachas, et près de tes parents,
Chez des Français, tous fort honnêtes gens.

ADINE.

Ah! Blanford est honnête homme sans doute;
Mais que de maux tant de vertu me coûte!
Fallait-il donc avec lui revenir?

DARMIN.

Ton défunt père à lui devait t'unir;
Et cet hymen, dans ta plus tendre enfance,
Fit autrefois sa plus douce espérance.

ADINE.

Qu'il se trompait!

DARMIN.

Blanford à tes beaux yeux
Rendra justice, en te connaissant mieux.
Peut-il long-temps se coiffer d'une prude,
Qui de tromper fait son unique étude?

ADINE.

On la dit belle; il l'aimera toujours;
Il est constant.

DARMIN.

Bon! Qui l'est en amours?

ADINE.

Je crains Dorfise.

DARMIN.

Elle est trop intrigante;
Sa pruderie est, dit-on, trop galante;
Son cœur est faux, ses propos médisants.
Ne crains rien d'elle; on ne trompe qu'un temps.

ADINE.

Ce temps est long, ce temps me désespère.
Dorfise trompe! et Dorfise a su plaire!

DARMIN.

Mais, après tout, Blanford t'est-il si cher?

ADINE.

Oui : dès ce jour, où deux vaisseaux d'Alger (1)
Si vivement sur les flots l'attaquèrent,
Ah! que pour lui tous mes sens se troublèrent!
Dans mes frayeurs, un sentiment bien doux
M'intéressait pour lui comme pour vous;

(1) Dans l'anglais, ce n'est pas contre des vaisseaux d'Alger que le capitaine a combattu, mais contre des Hollandais.

Et courageuse, en devenant si tendre,
Je souhaitais être homme, et le défendre.
Songez-vous bien que lui seul me sauva,
Quand sur les eaux notre vaisseau brûla?
Ciel! que j'aimai ses vertus, son courage,
Qui dans mon cœur ont gravé son image!

DARMIN.

Oui, je conçois qu'un cœur reconnaissant
Pour la vertu peut avoir du penchant.
Trente ans à peine, une taille légère,
Beaux yeux, air noble; oui, sa vertu peut plaire :
Mais son humeur, et son austérité,
Ont-ils pu plaire à ta simplicité?

ADINE.

Mon caractère est sérieux; et j'aime
Peut-être en lui jusqu'à mes défauts même.

DARMIN.

Il hait le monde.

ADINE.

Il a, dit-on, raison.

DARMIN.

Il est souvent trop confiant, trop bon;
Et son humeur gâte encor sa franchise.

ADINE.

De ses défauts le plus grand, c'est Dorfise.

DARMIN.

Il est trop vrai. Pourquoi donc refuser
D'ouvrir ses yeux, de les désabuser,
Et de briller dans ton vrai caractère?

ACTE I, SCÈNE I.

ADINE.

Peut-on briller lorsqu'on ne saurait plaire?
Hélas! du jour que par un sort heureux
Dessus son bord il nous reçut tous deux,
J'ai bien tremblé qu'il n'aperçût ma feinte :
En arrivant, je sens la même crainte.

DARMIN.

Je prétendais te découvrir à lui.

ADINE.

Gardez-vous en, ménagez mon ennui;
Sacrifiée à Dorfise adorée,
Dans mon malheur je veux être ignorée;
Je ne veux pas qu'il connaisse en ce jour
Quelle victime il immole à l'amour.

DARMIN.

Que veux-tu donc?

ADINE.

Je veux, dès ce soir même,
Dans un couvent fuir un ingrat que j'aime.

DARMIN.

Lorsque si vite on se met en couvent,
Tout à loisir, ma nièce, on s'en repent.
Avec le temps tout se fera, te dis-je.
Un soin plus triste à présent nous afflige;
Car dans l'instant où ce Du Gué (1) nouveau
Si noblement fit sauter son vaisseau,
Je vis sauter ses biens et ma fortune :
A tous les deux la misère est commune.

---

(1) Allusion au célèbre du Gué-Trouin, l'un des grands hommes de mer qu'ait eus la France.

Et cependant à Marseille arrivés,
Remplis d'espoir, d'argent comptant privés,
Il faut chercher un secours nécessaire.
L'amour n'est pas toujours la seule affaire.

ADINE.

Quoi! lorsqu'on aime, on pourrait faire mieux ?
Je n'en crois rien.

DARMIN.

Le temps ouvre les yeux.
L'amour, ma nièce, est aveugle à ton âge,
Non pas au mien. L'amour sans héritage,
Triste et confus, n'a pas l'art de charmer.
Il n'appartient qu'aux gens heureux d'aimer.

ADINE.

Vous pensez donc que, dans votre détresse,
Pour vous, mon oncle, il n'est plus de maîtresse,
Et que d'abord votre veuve Burlet
En vous voyant vous quittera tout net?

DARMIN.

Mon triste état lui servirait d'excuse.
Souvent, hélas! c'est ainsi qu'on en use.
Mais d'autres soins je suis embarrassé;
L'argent me manque, et c'est le plus pressé.

SCÈNE II.

BLANFORD, DARMIN, ADINE.

BLANFORD.

Bon, de l'argent! dans le siècle où nous sommes,
C'est bien cela que l'on obtient des hommes!

Vive embrassade, et fades compliments,
Propos joyeux, vains baisers, faux serments,
J'en ai reçu de cette ville entière :
Mais aussitôt qu'on a su ma misère,
D'auprès de moi la foule a disparu :
Voilà le monde.

DARMIN.

Il est très-corrompu ;
Mais vos amis vous ont cherché peut-être ?

BLANFORD.

Oui, des amis, en as-tu pu connaître ?
J'en ai cherché ; j'ai vu force fripons
De tous les rangs, de toutes les façons,
D'honnêtes gens, dont la molle indolence
Tranquillement nage dans l'opulence,
Blasés en tout, aussi durs que polis,
Toujours hors d'eux, ou d'eux seuls sont remplis.
Mais des cœurs droits, des ames élevées,
Que les destins n'ont jamais captivées,
Et qui se font un plaisir généreux
De rechercher un ami malheureux,
J'en connais peu : partout le vice aborde.
Un coffre-fort est le dieu de ce monde ;
Et je voudrais qu'ainsi que mon vaisseau,
Le genre humain fût abîmé dans l'eau.

DARMIN.

Exceptez-nous du moins de la sentence.

ADINE.

Le monde est faux, je le crois ; mais je pense
Qu'il est encore un cœur digne de vous,

Fier, mais sensible, et ferme, quoique doux ;
De vos destins bravant l'indigne outrage,
Vous en aimant, s'il se peut, davantage ;
Tendre en ses vœux, et constant dans sa foi.

BLANFORD.

Le beau présent ! où le trouver ?

ADINE.

Dans moi.

BLANFORD.

Dans vous ! allez, jeune homme que vous êtes ;
Suis-je en état d'entendre vos sornettes ?
Pour plaisanter prenez mieux votre temps.
Oui, dans ce monde, et parmi les méchants,
Je sais qu'il est encor des ames pures
Qui chériront mes tristes aventures.
Je suis heureux, dans mon sort abattu :
Dorfise au moins sait aimer la vertu.

ADINE.

Ainsi, Monsieur, c'est de cette Dorfise
Que pour toujours je vois votre ame éprise ?

BLANFORD.

Assurément.

ADINE.

Et vous avez trouvé
En sa conduite un mérite éprouvé ?

BLANFORD.

Oui.

DARMIN.

Feu mon frère, avant d'aller en Grèce,
S'il m'en souvient, vous destinait ma nièce.

BLANFORD.

Feu votre frère a très-mal destiné ;
J'ai mieux choisi : je suis déterminé
Pour la vertu qui, du monde exilée,
Chez ma Dorfise est ici rappelée.

ADINE.

Un tel mérite est rare ; il me surprend :
Mais son bonheur me semble encor plus grand.

BLANFORD.

Ce jeune enfant a du bon, et je l'aime ;
Il prend parti pour moi contre vous-même.

DARMIN.

Pas tant peut-être. Après tout, dites-moi
Comment Dorfise, avec sa bonne-foi,
Avec ce goût, qui pour vous seul l'attire,
Depuis un an cessa de vous écrire.

BLANFORD.

Voudriez-vous qu'on m'écrivît par l'air,
Et que la poste allât en pleine mer?
Avant ce temps, j'ai vingt fois reçu d'elle
De gros paquets, mais écrits d'un modèle...
D'un air si vrai, d'un esprit si sensé...
Rien d'affecté, d'obscur, d'embarrassé ;
Point d'esprit faux ; la nature elle-même,
Le cœur y parle ; et voilà comme on aime.

DARMIN, *à Adine.*

Vous pâlissez.

BLANFORD, *avec empressement, à Adine.*

Qu'avez-vous ?

ADINE.

Moi, Monsieur ?
Un mal cruel qui me perce le cœur.

BLANFORD, *à Darmin.*

Le cœur! quel ton! une fille à son âge
Serait plus forte, aurait plus de courage.
Je l'aime fort; mais je suis étonné
Qu'à cet excès il soit efféminé.
Etait-il fait pour un pareil voyage?
Il craint la mer, les ennemis, l'orage.
Je l'ai trouvé près d'un miroir assis;
Il était né pour aller à Paris
Nous étaler, sur les bancs du théâtre,
Son beau minois, dont il est idolâtre.
C'est un Narcisse.

DARMIN.

Il en a la beauté.

BLANFORD.

Oui; mais il faut en fuir la vanité.

ADINE.

Ne craignez rien, ce n'est pas moi que j'aime.
Je suis plus près de me haïr moi-même;
Je n'aime rien qui me ressemble.

BLANFORD.

Enfin
C'est à Dorfise à régler mon destin.
Bien convaincu de sa haute sagesse,
De l'épouser je lui passai promesse:
Je lui laissai mon bien même en partant,
Joyaux, billets, contrats, argent comptant.

J'ai, grâce au Ciel, par ma juste franchise,
Confié tout à ma chère Dorfise.
J'ai confié Dorfise et son destin
A la vertu de monsieur Bartolin.

DARMIN.

De Bartolin, le caissier?

BLANFORD.

De lui-même,
D'un bon ami, qui me chérit, que j'aime.

DARMIN, *d'un ton ironique.*

Ah! vous avez sans doute bien choisi;
Toujours heureux en maîtresse, en ami,
Point prévenu.

BLANFORD.

Sans doute; et leur absence
Me fait ici sécher d'impatience.

ADINE.

Je n'en puis plus; je sors.

BLANFORD.

Mais qu'avez-vous?

ADINE.

De ses malheurs chacun ressent les coups.
Les miens sont grands; leurs traits s'appesantissent;
Ils cesseront... si les vôtres finissent.

(*Elle sort.*)

BLANFORD.

Je ne sais... mais son chagrin m'a touché.

DARMIN.

Il est aimable : il vous est attaché.

BLANFORD.

J'ai le cœur bon; et la moindre fortune
Qui me viendra sera pour lui commune.
Dès que Dorfise avec sa bonne-foi
M'aura remis l'argent qu'elle a de moi,
J'en ferai part à votre jeune Adine.
Je lui voudrais la voix moins féminine,
Un air plus fait; mais les soins et le temps
Forment le cœur et l'air des jeunes gens :
Il a des mœurs; il est modeste, sage.
J'ai remarqué toujours, dans le voyage,
Qu'il rougissait aux propos indécents
Que sur mon bord tenaient nos jeunes gens.
Je vous promets de lui servir de père.

DARMIN.

Ce n'est pas là pourtant ce qu'il espère.
Mais allons donc chez Dorfise à l'instant,
Et recevez d'elle au moins votre argent.

BLANFORD.

Bon! le démon, qui toujours m'accompagne,
La fait rester encore à la campagne.

DARMIN.

Et le caissier?

BLANFORD.

Et le caissier aussi.
Tous deux viendront, puisque je suis ici.

DARMIN.

Vous pensez donc que madame Dorfise
Vous est toujours très-humblement soumise?

BLANFORD.

Et pourquoi non? si je garde ma foi,
Elle peut bien en faire autant pour moi.
Je n'ai pas eu, comme vous, la folie
De courtiser une franche étourdie.

DARMIN.

Il se pourra que j'en sois méprisé ;
Et c'est à quoi tout homme est exposé.
Et j'avoûrai qu'en son humeur badine
Elle est bien loin de sa sage cousine.

BLANFORD.

Mais de son cœur ainsi désemparé,
Que ferez-vous?

DARMIN.

Moi? rien : je me tairai,
En attendant qu'à Marseille se rendent
Les deux beautés de qui nos cœurs dépendent.
Fort à propos je vois venir vers nous
L'ami Mondor.

BLANFORD.

Notre ami! dites-vous?
Lui, notre ami?

DARMIN.

Sa tête est fort légère ;
Mais dans le fond c'est un bon caractère.

BLANFORD.

Détrompez-vous, cher Darmin ; soyez sûr
Que l'amitié veut un esprit plus mûr ;
Allez, les fous n'aiment rien.

DARMIN.

Mais le sage
Aime-t-il ?... Tirons quelque avantage
De ce fou-ci. Dans notre cas urgent,
On peut sans honte emprunter son argent.

SCÈNE III.

BLANFORD, DARMIN, LE CHEVALIER MONDOR.

LE CHEVALIER MONDOR.

Bonjour, très-chers ; vous voilà donc en vie ?
C'est fort bien fait, j'en ai l'ame ravie.
Bonjour : dis-moi, quel est ce bel enfant,
Que j'ai vu là dans cet appartement ?
D'où vous vient-il ? était-il du voyage ?
Est-il Grec, Turc ? est-il ton fils, ton page ?
Qu'en faites-vous ? Où soupez-vous ce soir ?
A quels appas jetez-vous le mouchoir ?
N'allez-vous pas vite en poste à Versailles
Faire aux commis des récits de batailles ?
Dans ce pays avez-vous un patron ?

BLANFORD.

Non.

LE CHEVALIER MONDOR.
Quoi ! tu n'as jamais fait ta cour ?

BLANFORD.

Non.

J'ai fait ma cour sur mer ; et mes services
Sont mes patrons, sont mes seuls artifices ;
Dans l'antichambre on ne m'a jamais vu.

LE CHEVALIER MONDOR.
Tu n'as aussi jamais rien obtenu.
BLANFORD.
Rien demandé. J'attends que l'œil du maître
Sache en son temps tout voir, tout reconnaître.
LE CHEVALIER MONDOR.
Va, dans son temps ces nobles sentiments
A l'hôpital mènent tout droit les gens.
DARMIN.
Nous en sommes fort près; et notre gloire
N'a pas le sou.
LE CHEVALIER MONDOR.
   Je suis prêt à t'en croire.
DARMIN.
Cher chevalier, il te faut avouer...
LE CHEVALIER MONDOR.
En quatre mots je dois vous confier...
DARMIN.
Que notre ami vient de faire une perte...
LE CHEVALIER MONDOR.
Que j'ai, mon cher, fait une découverte...
DARMIN.
De tout le bien...
LE CHEVALIER MONDOR.
   D'une honnête beauté,
DARMIN.
Que sur la mer...
LE CHEVALIER MONDOR.
   A qui sans vanité...

DARMIN.

Il rapportait...

LE CHEVALIER MONDOR.

Après bien du mystère...

DARMIN.

Dans son vaisseau.

LE CHEVALIER MONDOR.

J'ai le bonheur de plaire.

DARMIN.

C'est un malheur.

LE CHEVALIER MONDOR.

C'est un plaisir bien vif
De subjuguer ce scrupule excessif,
Cette pudeur et si fière et si pure,
Ce précepteur qui gronde la nature.
J'avais du goût pour la dame Burlet,
Pour sa gaîté, son air brusque et follet :
Mais c'est un goût plus léger qu'elle-même.

DARMIN.

J'en suis ravi.

LE CHEVALIER MONDOR.

C'est la prude que j'aime.
Encouragé par la difficulté,
J'ai présenté la pomme à la fierté.

DARMIN.

La prude enfin, dont votre ame est éprise,
Cette beauté si fière?

LE CHEVALIER MONDOR.

C'est Dorfise.

ACTE I, SCÈNE III.

BLANFORD, *en riant.*

Dorfise... ah!... bon. Sais-tu bien devant qui
Tu parles là?

LE CHEVALIER MONDOR.

Devant toi, mon ami.

BLANFORD.

Va, j'ai pitié de ton extravagance;
Cette beauté n'aura plus d'indulgence,
Je t'en réponds, de recevoir chez soi
Des chevaliers éventés comme toi.

LE CHEVALIER MONDOR.

Si fait, mon cher : la femme la moins folle
Ne se plaint point lorsqu'un fou la cajole.

BLANFORD.

Cajolez moins, mon très-cher; apprenez
Qu'à ses vertus mes jours sont destinés,
Qu'elle est à moi, que sa juste tendresse
De m'épouser m'avait passé promesse,
Qu'elle m'attend pour m'unir à son sort.

LE CHEVALIER MONDOR, *en riant.*

Le beau billet qu'a là l'ami Blanford!

(*A Darmin.*)

Il a, dis-tu, besoin dans sa détresse
D'autres billets payables en espèce.
Tiens, cher Darmin.

(*Il veut lui donner un porte-feuille.*)

BLANFORD, *l'arrêtant.*

Non, gardez-vous en bien.

DARMIN.

Quoi! vous voulez?...

BLANFORD.

De lui je ne veux rien.
Quand d'emprunter on fait la grâce insigne,
C'est à quelqu'un qu'on daigne en croire digne;
C'est d'un ami qu'on emprunte l'argent.

LE CHEVALIER MONDOR.

Ne suis-je pas ton ami?

BLANFORD.

Non, vraiment.
Plaisant ami, dont la frivole flamme,
S'il se pouvait, m'enlèverait ma femme;
Qui, dès ce soir, avec vingt fainéants,
Va s'égayer à table à mes dépens!
Je les connais ces beaux amis du monde.

LE CHEVALIER MONDOR.

Ce monde-là, que ton rare esprit fronde,
Crois-moi, vaut mieux que ta mauvaise humeur.
Adieu. Je vais, du meilleur de mon cœur,
Dans le moment, chez la belle Dorfise
Aux grands éclats rire de ta sottise.

(*Il veut s'en aller.*)

BLANFORD, *l'arrêtant.*

Que dis-tu là? mon cher Darmin! comment?
Elle est ici, Dorfise?

LE CHEVALIER MONDOR.

Assurément.

BLANFORD.

O juste Ciel!

LE CHEVALIER MONDOR.

Eh bien, quelle merveille?

BLANFORD.

Dans sa maison?

LE CHEVALIER MONDOR.

Oui, te dis-je, à Marseille.
Je l'ai trouvée à l'instant qui rentrait,
Et qui des champs avec hâte accourait.

BLANFORD, *à part.*

Pour me revoir! ô ciel! je te rends grâce;
A ce seul trait tout mon malheur s'efface.
Entrons chez elle.

LE CHEVALIER MONDOR.

Entrons, c'est fort bien dit;
Car plus on est de fous, et plus on rit.

BLANFORD. (*Il va à la porte.*)

Heurtons.

LE CHEVALIER MONDOR.

Frappons.

COLETTE, *en dedans de la maison.*

Qui va là?

BLANFORD.

Moi.

LE CHEVALIER MONDOR.

Moi-même.

SCÈNE IV.

BLANFORD, DARMIN, COLETTE, le chevalier MONDOR.

COLETTE, *sortant de la maison.*

Blanford! Darmin! quelle surprise extrême!
Monsieur!

BLANFORD.

Colette!

COLETTE.

Hélas! je vous ai cru
Noyé cent fois. Soyez le bien-venu.

BLANFORD.

Le juste Ciel, propice à ma tendresse,
M'a conservé pour revoir ta maîtresse.

COLETTE.

Elle sortait tout à l'instant d'ici.

DARMIN.

Et sa cousine?

COLETTE.

Et sa cousine aussi.

BLANFORD.

Eh! mais, de grâce, où donc est-elle allée?
Où la trouver?

COLETTE, *faisant une révérence de prude.*

Elle est à l'assemblée.

BLANFORD.

Quelle assemblée?

COLETTE.

Eh! vous ne savez rien?
Apprenez donc que vingt femmes de bien
Sont dans Marseille étroitement unies
Pour corriger nos jeunes étourdies,
Pour réformer tout le train d'aujourd'hui,
Mettre à sa place un noble et digne ennui,
Et hautement, par de sages cabales,

ACTE I, SCÈNE IV.

De leur prochain réprimer les scandales;
Et Dorfise est en tête du parti.

BLANFORD, *à Darmin.*

Mais comment donc un si grand étourdi
Est-il souffert d'une beauté sévère?

DARMIN.

Chez une prude un étourdi peut plaire.

BLANFORD.

De l'assemblée où va-t-elle?

COLETTE.

On ne sait;
Faire du bien sourdement.

BLANFORD.

En secret!
C'est-là le comble. Eh! puis-je en sa demeure,
Pour lui parler, avoir aussi mon heure?

LE CHEVALIER MONDOR.

Va, c'est à moi qu'il le faut demander;
Sans risquer rien je puis te l'accorder.
Tu la verras tout comme à l'ordinaire.

BLANFORD.

Respectez-la; c'est ce qu'il vous faut faire;
Et gardez-vous de la désapprouver.

DARMIN.

Et sa cousine, où peut-on la trouver?
On m'avait dit qu'elles vivaient ensemble.

COLETTE.

Oui, mais leur goût rarement les assemble;
Et la cousine, avec dix jeunes gens,
Et dix beautés, se donne du bon temps;

Et d'une table et propre et bien servie,
Presque toujours vole à la comédie.
Ensuite on danse, ou l'on se met au jeu :
Toujours chez elle et grand'chère, et beau feu,
De longs soupers et des chansons nouvelles;
Et des bons mots, encor plus plaisants qu'elles;
Glaces, liqueurs, vins vieux, gris, rouges, blancs.
Amas nouveaux de boîtes, de rubans,
Magots de Saxe, et riches bagatelles,
Qu'Hébert (1) invente à Paris pour les belles;
Le jour, la nuit, cent plaisirs renaissants,
Et de médire à peine a-t-on le temps.

LE CHEVALIER MONDOR.

Oui, notre ami, c'est ainsi qu'il faut vivre.

DARMIN.

Mais pour la voir, où faudra-t-il la suivre?

COLETTE.

Partout, Monsieur, car du matin au soir,
Dès qu'elle sort, elle court, veut tout voir.
Il lui faudrait que le Ciel par miracle
Exprès pour elle assemblât un spectacle,
Jeu, bal, toilette, et musique et soupé;
Son cœur toujours est de tout occupé.
Vous la verrez, et sa joyeuse troupe,
Fort tard chez elle, et vers l'heure où l'on soupe.

BLANFORD.

(*A Darmin.*)

Si vous l'aimez, après ce que j'entends,
Moins qu'elle encor vous avez de bon sens.

(1) Fameux marchand de curiosités.

ACTE I, SCÈNE IV.

Peut-on chérir ce bruyant assemblage
De tous les goûts qu'eut le sexe en partage?
Il vous sied bien, dans vos tristes soupirs,
De suivre en pleurs le char de ses plaisirs,
Et d'étaler les regrets d'une dupe
Qu'un fol amour dans sa misère occupe!

DARMIN.

Je crois encor, dussé-je être en erreur,
Qu'on peut unir les plaisirs et l'honneur :
Je crois aussi, soit dit sans vous déplaire,
Que femme prude, en sa vertu sévère,
Peut en public faire beaucoup de bien,
Mais en secret souvent ne valoir rien.

BLANFORD.

Eh bien, tantôt nous viendrons l'un et l'autre;
Et vous verrez mon choix, et moi le vôtre.

LE CHEVALIER MONDOR.

Oui, revenez, et vous verrez, ma foi,
La place prise.

BLANFORD.
Et par qui donc?
LE CHEVALIER MONDOR.
Par moi.
BLANFORD.

Par toi!
LE CHEVALIER MONDOR.
J'ai mis à profit ton absence,
Et je n'ai pas à craindre ta présence.
Va, tu verras... Adieu.

SCÈNE V.

BLANFORD, DARMIN.

BLANFORD.

        Çà, pensez-vous
Que d'un tel homme on puisse être jaloux?

DARMIN.

Le ridicule et la bonne fortune
Vont bien ensemble, et la chose est commune.

BLANFORD.

Quoi? vous pensez...

DARMIN.

          Oui, ces femmes de bien
Aiment parfois les grands diseurs de rien.
Mais permettez que j'aille un peu moi-même
Chercher mon sort, et savoir si l'on m'aime.

                      (*Il sort.*)

BLANFORD, *seul.*

Oui, hâtez-vous d'être congédié.
Hom! le pauvre homme! il me fait grand'pitié.
Que je te loue, ô destin favorable,
Qui me fais prendre une femme estimable!
Que dans mes maux je bénis mon retour!
Que ma raison augmente mon amour!
Oh! je fuirai, je l'ai mis dans ma tête,
Le monde entier pour une femme honnête.
C'est trop long-temps courir, craindre, espérer :
Voilà le port où je veux demeurer.

Près d'un tel bien qu'est-ce que tout le reste?
Le monde est fou, ridicule, ou funeste;
Ai-je grand tort d'en être l'ennemi?
Non, dans ce monde il n'est pas un ami;
Personne au fond à nous ne s'intéresse;
On est aimé, mais c'est de sa maîtresse :
Tout le secret est de savoir choisir.
Une coquette est un vrai monstre à fuir;
Mais une femme, et tendre, et belle, et sage,
De la nature est le plus digne ouvrage.

FIN DU PREMIER ACTE.

ACTE SECOND.

SCÈNE I.

DORFISE, MADAME BURLET, LE CHEVALIER MONDOR.

DORFISE.

Adoucissez, monsieur le chevalier,
De vos discours l'excès trop familier :
La pureté de mes chastes oreilles
Ne peut souffrir des libertés pareilles.

LE CHEVALIER MONDOR, *en riant.*

Vous les aimez pourtant ces libertés ;
Vous me grondez, mais vous les écoutez ;
Et vous n'avez, comme je puis comprendre,
Cheveux si courts que pour les mieux entendre.

DORFISE.

Encore !

MADAME BURLET.

Eh bien, je suis de son côté :
Vous affectez trop de sévérité.
La liberté n'est pas toujours licence.
On peut, je crois, entendre avec décence
De la gaîté les innocents éclats,
Ou bien sembler ne les entendre pas :
Votre vertu, toujours un peu farouche,
Veut nous fermer et l'oreille et la bouche.

DORFISE.

Oui, l'une et l'autre; et fermez, croyez-moi,
Votre maison à tous ceux que j'y voi.
Je vous l'ai dit, ils vous perdront, cousine.
Comment souffrir leur troupe libertine;
Le beau Cléon qui, brillant sans esprit,
Rit des bons mots qu'il prétend avoir dit;
Damon qui fait, pour vingt beautés qu'il aime,
Vingt madrigaux plus fades que lui-même;
Et ce robin parlant toujours de lui;
Et ce pédant portant partout l'ennui;
Et mon cousin, qui...?

LE CHEVALIER MONDOR.

C'en est trop, Madame;
Chacun son tour; et si votre belle ame
Parle du monde avec tant de bonté,
J'aurai du moins autant de charité.
Je veux ici vous tracer de mon style,
En quatre mots, un portrait de la ville,
A commencer par...

DORFISE.

Ah! n'en faites rien;
Il n'appartient qu'aux personnes de bien
De châtier, de gourmander le vice :
C'est à mes yeux une horrible injustice
Qu'un libertin satirise aujourd'hui
D'autres mondains moins vicieux que lui.
Lorsque j'en veux à l'humaine nature,
C'est zèle, honneur, et vertu toute pure,

Dégoût du monde. Ah Dieu! que je le hais,
Ce monde infame!

MADAME BURLET.

Il a quelques attraits.

DORFISE.

Pour vous, hélas! et pour votre ruine.

MADAME BURLET.

N'en a-t-il point un peu pour vous, cousine?
Haïssez-vous ce monde?

DORFISE.

Horriblement.

LE CHEVALIER MONDOR.

Tous les plaisirs?

DORFISE.

Epouvantablement.

MADAME BURLET.

Le jeu? le bal?

LE CHEVALIER MONDOR.

La musique? la table?

DORFISE.

Ce sont, ma chère, inventions du diable.

MADAME BURLET.

Mais la parure, et les ajustements?
Vous m'avoûrez...

DORFISE.

Ah! quels vains ornements!
Si vous saviez à quel point je regrette
Tous les instants perdus à ma toilette!
Je fuis toujours le plaisir de me voir;
Mon œil blessé craint l'aspect d'un miroir.

ACTE II, SCÈNE I.

MADAME BURLET.

Mais cependant, ma sévère Dorfise,
Vous me semblez bien coiffée et bien mise.

DORFISE.

Bien?

LE CHEVALIER MONDOR.

Du grand bien.

DORFISE.

Avec simplicité.

LE CHEVALIER MONDOR.

Mais avec goût.

MADAME BURLET.

Votre sage beauté,
Quoi qu'elle en dise, est fort aise de plaire.

DORFISE.

Moi? juste Ciel!

MADAME BURLET.

Parle-moi sans mystère.
Je crois, ma foi, que ta sévérité
A quelque goût pour ce jeune éventé.
Il n'est pas mal fait.

(*En montrant Mondor.*)

LE CHEVALIER MONDOR.

Ah!

MADAME BURLET.

C'est un jeune homme
Fort beau, fort riche.

LE CHEVALIER MONDOR.

Ah!

####### DORFISE.

      Ce discours m'assomme.
Vous proposez l'abomination.
Un beau jeune homme est mon aversion;
Un beau jeune homme! ah! fi!

####### LE CHEVALIER MONDOR.

       Ma foi, Madame,
Pour vous et moi j'en suis fâché dans l'ame.
Mais ce Blanford, qui revient sans vaisseau,
Est-il si riche, et si jeune, et si beau?

####### DORFISE.

Il est ici? quoi! Blanford?

####### LE CHEVALIER MONDOR.

      Oui, sans doute.

####### COLETTE, *en entrant avec précipitation.*

Hélas! je viens pour vous apprendre...

####### DORFISE, *à Colette, à l'oreille.*

        Ecoute.

####### MADAME BURLET.

Comment?

####### DORFISE, *au chevalier Mondor.*

   Depuis qu'il prit de moi congé,
De ses défauts je l'ai cru corrigé,
Je l'ai cru mort.

####### LE CHEVALIER MONDOR.

    Il vit; et le corsaire
Veut me couler à fond, et croit vous plaire.

####### DORFISE, *en se retournant vers Colette.*

Colette, hélas!

ACTE II, SCÈNE I.

COLETTE.

Hélas!

DORFISE.

Ah, chevalier,
Pourriez-vous point sur mer le renvoyer?

LE CHEVALIER MONDOR.

De tout mon cœur.

MADAME BURLET.

Sait-on quelque nouvelle
De ce Darmin, son ami si fidèle?
Viendra-t-il point?

LE CHEVALIER MONDOR.

Il est venu; Blanford
L'a raccroché dans je ne sais quel port.
Ils ont sur mer donné, je crois, bataille,
Et sont ici n'ayant ni sou ni maille.
Mais avec lui Blanford a ramené
Un petit Grec plus joli, mieux tourné...

DORFISE.

Eh, oui, vraiment. Je pense tout-à-l'heure
Que je l'ai vu tout près de ma demeure :
De grands yeux noirs?

LE CHEVALIER MONDOR.

Oui.

DORFISE.

Doux, tendres, touchants?
Un teint de rose?

LE CHEVALIER MONDOR.

Oui.

DORFISE, *en s'animant un peu plus.*
Des cheveux, des dents ?
L'air noble, fin ?

LE CHEVALIER MONDOR.
C'est une créature
Qu'à son plaisir façonna la nature.

DORFISE.
S'il a des mœurs, s'il est sage, bien né,
Je veux par vous qu'il me soit amené...
Quoiqu'il soit jeune.

MADAME BURLET.
Et moi, je veux sur l'heure,
Que de Darmin l'on cherche la demeure.
Allez, la Fleur, trouvez-le, et lui portez
Trois cents louis, que je crois bien comptés ;
(*Elle donne une bourse à la Fleur, qui est derrière elle.*)
Et qu'à souper Blanford et lui se rendent.
Depuis long-temps tous nos amis l'attendent,
Et moi plus qu'eux. Je n'ai jamais connu
De naturel plus doux, plus ingénu :
J'aime surtout sa complaisance aimable,
Et sa vertu liante et sociable.

DORFISE.
Eh bien ! Blanford n'est pas de cette humeur ;
Il est si sérieux !

LE CHEVALIER MONDOR.
Si plein d'aigreur !

DORFISE.
Oui, si jaloux...

LE CHEVALIER MONDOR, *interrompant brusquement.*
Caustique.
DORFISE.
Il est...
LE CHEVALIER MONDOR.
Sans doute.
DORFISE.
Laissez-moi donc parler; il est...
LE CHEVALIER MONDOR.
J'écoute.
DORFISE.
Il est enfin fort dangereux pour moi.
MADAME BURLET.
On dit qu'il a très-bien servi le roi,
Qu'il s'est sur mer distingué dans la guerre.
DORFISE.
Oui, mais qu'il est incommode sur terre (1)!
LE CHEVALIER MONDOR.
Il est encore...
DORFISE.
Oui.
LE CHEVALIER MONDOR.
Ces marins d'ailleurs
Ont presque tous de si vilaines mœurs.

(1) Il y a dans l'anglais : Vous m'avouerez qu'il a une belle physionomie, un air mâle. — Oui : il ressemble à un Sarrazin peint sur l'enseigne d'un cabaret : il a du courage comme le bourreau ; il tuera un homme qui aura les mains liées, et il n'a que de la cruauté ; ce qui ne ressemble pas plus au courage que la médisance continuelle ne ressemble à de l'esprit.

DORFISE.

Oui.

MADAME BURLET.

Mais on dit qu'autrefois vos promesses
De quelque espoir ont flatté ses tendresses?

DORFISE.

Depuis ce temps j'ai, par excès d'ennui,
Quitté le monde, à commencer par lui :
Le monde et lui me rendent si craintive.

SCÈNE II.

DORFISE, MADAME BURLET, LE CHEVALIER MONDOR, COLETTE.

COLETTE.

Madame!

DORFISE.

Eh bien?

COLETTE.

Monsieur Blanford arrive.

DORFISE.

Ciel!...

MADAME BURLET.

Darmin est avec lui?

COLETTE.

Madame, oui.

MADAME BURLET.

J'en ai le cœur tout-à-fait réjoui.

DORFISE.

Et moi, je sens une douleur profonde;
Je me retire, et je veux fuir le monde.

ACTE II, SCÈNE II.

LE CHEVALIER MONDOR.

Avec moi donc?

DORFISE.

Non, s'il vous plaît, sans vous.
(*Elle sort.*)

SCÈNE III.

MADAME BURLET, BLANFORD, DARMIN,
LE CHEVALIER MONDOR, ADINE.

DARMIN, *à madame Burlet.*
Madame, enfin souffrez qu'à vos genoux...

MADAME BURLET, *courant au-devant de Darmin.*
Mon cher Darmin, venez; j'ai fait partie
D'aller au bal après la comédie;
Nous causerons; mon carrosse est là-bas.
(*A Blanford.*)
Et vous, rigris, y viendrez-vous?

BLANFORD.

Non pas.
Je viens ici pour chose sérieuse.
Allez, courez, troupe folle et joyeuse,
Faites semblant d'avoir bien du plaisir,
Fatiguez bien votre inquiet loisir.
(*Au jeune Adine.*)
Et nous, jeune homme, allons trouver Dorfise.
(*Madame Burlet sort avec le chevalier et Darmin, qui lui donnent chacun la main, et Blanford continue.*)

SCÈNE IV.

BLANFORD, ADINE, COLETTE.

BLANFORD.

Voyons une ame au seul devoir soumise,
Qui pour moi seul, par un sage retour,
Renonce au monde en faveur de l'amour,
Et qui sait joindre à cette ardeur flatteuse
Une vertu modeste et scrupuleuse.
Méritez bien de lui plaire.

ADINE.

     Avec soin
De sa vertu je veux être témoin ;
En la voyant je puis beaucoup m'instruire.

BLANFORD.

C'est très-bien dit ; je prétends vous conduire.
En vous voyant du monde abandonné,
Je trouve un fils que le sort m'a donné.
Sans vous aimer on ne peut vous connaître.
Vous êtes né trop flexible peut-être ;
Rien ne sera plus utile pour vous
Que de hanter un esprit sage et doux,
Dont le commerce en votre ame affermisse
L'honnêteté, l'amour de la justice,
Sans vous ôter certain charme flatteur,
Que je sens bien qui manque à mon humeur.
Une beauté qui n'a rien de frivole
Est pour votre âge une excellente école ;

ACTE II, SCÈNE IV.

L'esprit s'y forme, on y règle son cœur ;
Sa maison est le temple de l'honneur.

ADINE.

Eh bien, allons avec vous dans ce temple :
Mais je suivrai bien mal son rare exemple ;
Soyez-en sûr.

BLANFORD.

Et pourquoi ?

ADINE.

J'aurais pu
Auprès de vous mieux goûter la vertu ;
Quoique la forme en soit un peu sévère,
Le fond m'en charme, et vous m'avez su plaire :
Mais pour Dorfise...

BLANFORD, *en allant à la porte de Dorfise.*

Ah ! c'est trop se flatter
Que de vouloir tout d'un coup l'imiter ;
Mais croyez-moi, si l'honneur vous domine,
Voyez Dorfise, et fuyez sa cousine.

(*Il veut entrer.*)

COLETTE, *sortant de la maison et refermant la porte.*

(*Il heurte.*)

On n'entre point, Monsieur.

BLANFORD.

Moi !

COLETTE.

Non.

BLANFORD.

Comment ?

Moi refusé ?

COLETTE.

Dans son appartement
Pour quelque temps madame est en retraite.

BLANFORD.

J'admire fort cette vertu parfaite;
Mais j'entrerai.

COLETTE.

Mais, Monsieur, écoutez.

BLANFORD.

Sans écouter, entrons vite.

(*Il entre.*)

COLETTE.

Arrêtez.

ADINE.

Hélas! suivons, et voyons quelle issue
Aura pour moi cette étrange entrevue.

SCÈNE V.

COLETTE, *seule.*

Il va la voir, il va découvrir tout.
Je meurs de peur; ma maîtresse est à bout.
Ah, ma maîtresse! avoir eu le courage
De stipuler ce secret mariage;
De vous donner au caissier Bartolin!
Eh, que dira notre public malin?
Oh, que la femme est d'une étrange espèce!
Et l'homme aussi... Quel excès de faiblesse!
Madame est folle, avec son air malin;
Elle se trompe, et trompe son prochain,

Passe son temps, après mille méprises,
A réparer avec art ses sottises.
Le goût l'emporte; et puis on voudrait bien
Ménager tout, et l'on ne garde rien.
Maudit retour, et maudite aventure!
Comment Blanford prendra-t-il son injure?
Dans la maison voici donc trois maris;
Deux sont promis, et l'autre est, je crois, pris :
Femme en tel cas ne sait auquel entendre.

SCÈNE VI.

DORFISE, COLETTE.

COLETTE.

Madame, eh bien! quel parti faut-il prendre?

DORFISE.

Va, ne crains rien; on sait l'art d'éblouir,
De différer pour se faire chérir.
L'homme se mène aisément; ses faiblesses
Font notre force, et servent nos adresses.
On s'est tiré de pas plus dangereux.
J'ai fait finir cet entretien fâcheux.
Adroitement je fais à la campagne
Courir notre homme (et le Ciel l'accompagne!)
Chez Bartolin son ancien confident,
Qui pourra bien lui compter quelque argent.
J'aurai du temps, il suffit.

COLETTE.

    Ah! le diable
Vous fit signer ce contrat détestable!
Qui, vous, Madame, avoir un Bartolin!

DORFISE.

Eh, mon enfant! le diable est bien malin.
Ce gros caissier m'a tant persécutée.
Le cœur se gagne; on tente, on est tentée.
Tu sais qu'un jour on nous dit que Blanford
Ne viendrait plus.

COLETTE.

Parce qu'il était mort.

DORFISE.

Je me voyais sans appui, sans richesse,
Faible surtout; car tout vient de faiblesse.
L'étoile est forte, et c'est souvent le lot
De la beauté, d'épouser un magot.
Mon cœur était à des épreuves rudes.

COLETTE.

Il est des temps dangereux pour les prudes.
Mais à l'amour devant sacrifier,
Vous auriez dû prendre le chevalier :
Il est joli.

DORFISE.

Je voulais du mystère :
Je n'aime pas d'ailleurs son caractère;
Je le ménage : il est mon complaisant,
Mon émissaire; et c'est lui qui répand,
Par son babil et sa folie utile,
Les bruits qu'il faut qu'on sème par la ville.

COLETTE.

Mais Bartolin est si vilain!

DORFISE.

Oui, mais...

ACTE II, SCÈNE VI.

COLETTE.

Et son esprit n'a guère plus d'attraits.

DORFISE.

Oui, mais...

COLETTE.

Quoi, mais?

DORFISE.

Le destin, le caprice,
Mon triste état, quelque peu d'avarice,
L'occasion, je... je me résignai,
Je devins folle; en un mot, je signai.
Du bon Blanford je gardais la cassette.
D'un peu d'argent mon amitié discrète
Fit quelques dons par charité pour lui.
Eh! qui croyait que Blanford aujourd'hui,
Après deux ans gardant sa vieille flamme,
Viendrait chercher sa cassette et sa femme?

COLETTE.

Chacun disait ici qu'il était mort;
Il ne l'est point; lui seul est dans son tort.

DORFISE, *reprenant l'air de prude.*

Ah! puisqu'il vit, je lui rendrai sans peine
Tous ses bijoux, hélas! qu'il les reprenne :
Mais Bartolin, qui les croyait à moi,
Me les garda, les prit de bonne-foi,
Les croit à lui, les conserve, les aime,
En est jaloux autant que de moi-même.

COLETTE.

Je le crois bien.

DORFISE.

Maris, vertu, bijoux,
J'ai dans l'esprit de vous accorder tous.

SCÈNE VII.

LE CHEVALIER MONDOR, ADINE, DORFISE.

LE CHEVALIER MONDOR.

Chasserons-nous ce rival plein de gloire,
Qui me méprise, et s'en fait tant accroire ?

ADINE, *arrivant dans le fond à pas lents, tandis que le chevalier entrait brusquement.*

Ecoutons bien.

LE CHEVALIER MONDOR.

Il faut me rendre heureux ;
Il faut punir son air avantageux.
Je suis à vous : avec plaisir je laisse
Au vieux Darmin sa petite maîtresse.
A le troubler on n'a que de l'ennui ;
On perd sa peine à se moquer de lui.
C'est ce Blanford, c'est sa vertu sévère,
Sa gravité, qu'il faut qu'on désespère.
Il croit qu'on doit ne lui refuser rien,
Par la raison qu'il est homme de bien.
Ces gens de bien me mettent à la gêne.
Ils vous feront périr d'ennui, ma reine.

DORFISE, *d'un air modeste et sévère, après avoir regardé Adine.*

Vous vous moquez ! j'ai pour monsieur Blanford
Un vrai respect, et je l'estime fort.

ACTE II, SCÈNE VII.

LE CHEVALIER MONDOR.

Il est de ceux qu'on estime et qu'on berne ;
Est-il pas vrai ?

ADINE, *à part.*

Que ceci me consterne !
Elle est constante, elle a de la vertu !
Tout me confond ; elle aime : ah ! qui l'eût cru ?

DORFISE.

Que dit-il là ?

ADINE, *à part.*

Quoi ! Dorfise est fidèle ;
Et pour combler mon malheur, elle est belle !

DORFISE, *au chevalier, après avoir regardé Adine.*

Il dit que je suis belle.

LE CHEVALIER MONDOR.

Il n'a pas tort ;
Mais il commence à m'importuner fort.
Allez, l'enfant, j'ai des secrets à dire
A cette dame.

ADINE.

Hélas ! je me retire.

DORFISE, *au chevalier.*

Vous vous moquez.

(*A Adine.*)

Restez, restez ici.

(*Au chevalier.*)

Osez-vous bien le renvoyer ainsi ?

(*A Adine.*)

Approchez-vous : peu s'en faut qu'il ne pleure :
L'aimable enfant ! je prétends qu'il demeure.

Avec Blanford il est chez moi venu :
Dès ce moment son naturel m'a plu.
LE CHEVALIER MONDOR.
Eh! laissez-là son naturel, Madame.
De ce Blanford vous haïssez la flamme;
Vous m'avez dit qu'il est brutal, jaloux.
DORFISE, *fièrement.*
Je n'ai rien dit.
(A Adine.)
Çà, quel âge avez-vous?
ADINE.
J'ai dix-huit ans.
DORFISE.
Cette tendre jeunesse
A grand besoin du frein de la sagesse.
L'exemple entraîne; et le vice est charmant;
L'occasion s'offre si fréquemment!
Un seul coup-d'œil perd de si belles ames!
Défiez-vous de vous-même, et des femmes;
Prenez bien garde au souffle empoisonneur
Qui des vertus flétrit l'aimable fleur.
LE CHEVALIER MONDOR.
Que sa fleur soit, ou ne soit pas flétrie,
Mêlez-vous moins de sa fleur, je vous prie;
Et m'écoutez.
DORFISE.
Mon Dieu! point de courroux;
Son innocence a des charmes si doux!
LE CHEVALIER MONDOR.
C'est un enfant.

DORFISE, *s'approchant d'Adine.*

Çà, dites-moi, jeune homme,
D'où vous venez, et comment on vous nomme?

ADINE.

J'ai nom Adine; en Grèce je suis né;
Avec Darmin Blanford m'a ramené.

DORFISE.

Qu'il a bien fait!

LE CHEVALIER MONDOR.

Quelle humeur curieuse!
Quoi! je vous peins mon ardeur amoureuse,
Et vous parlez encore à cet enfant?
Vous m'oubliez pour lui.

DORFISE, *doucement.*

Paix, imprudent.

SCÈNE VIII.

DORFISE, LE CHEVALIER MONDOR, ADINE, COLETTE.

COLETTE.

Madame!

DORFISE.

Eh bien?

COLETTE.

Vous êtes attendue
A l'assemblée.

DORFISE.

Oui, j'y serai rendue
Dans peu de temps.

LE CHEVALIER MONDOR.

     Quel message ennuyeux!
Quand nous serons assemblés tous les deux,
Nous casserons pour jamais, je vous prie,
Ces rendez-vous de fade pruderie,
Ces comités, ces conspirations
Contre les goûts, contre les passions.
Il vous sied mal, jeune encor, belle et fraîche,
D'aller crier d'un ton de pigrièche
Contre les ris, les jeux et les amours,
De blasphémer ces dieux de vos beaux jours,
Dans des réduits peuplés de vieilles ombres,
Que vous voyez, dans leurs cabales sombres,
Se lamenter, sans gosier et sans dents,
Dans leurs tombeaux, des plaisirs des vivants.
Je vais, je vais de ces sempiternelles
Tout de ce pas égayer les cervelles,
Et, leur donnant à toutes leur paquet,
Par cent bons mots étouffer leur caquet.

DORFISE.

Gardez-vous bien d'aller me compromettre :
Cher chevalier, je ne puis le permettre.
N'allez point là.

LE CHEVALIER MONDOR.

    Mais j'y cours à l'instant
Vous annoncer.

    (*Il sort.*)

DORFISE.

   Ah, quel extravagant!

(*Au jeune Adine.*)

Allez, mon fils; gardez-vous, à votre âge,
D'un pareil fou; soyez discret et sage.
Mes compliments à Blanford... L'œil touchant!

ADINE, *se retournant.*

Quoi?

DORFISE.

Le beau teint! l'air ingénu, charmant!
Et vertueux!... Je veux que, par la suite,
Dans mon loisir vous me rendiez visite.

ADINE.

Je vous ferai ma cour assidûment.
Adieu, Madame.

DORFISE.

Adieu, mon bel enfant.

ADINE.

Hélas! j'éprouve un embarras extrême.
Le trahit-on? je l'ignore; mais j'aime.

SCÈNE IX.

DORFISE, COLETTE.

DORFISE, *revenant, conduisant de l'œil Adine qui la regarde.*

J'aime, dit-il; quel mot! Ce beau garçon
Déjà pour moi sent de la passion?
Il parle seul, me regarde, s'arrête;
Et je crains fort d'avoir tourné sa tête.

COLETTE.

Avec tendresse il lorgne vos appas.

DORFISE.

Est-ce ma faute? ah! je n'y consens pas.

COLETTE.

Je le crois bien : le péril est trop proche;
Du bon Blanford je crains pour vous l'approche;
Je crains surtout le courroux impoli
De Bartolin.

DORFISE, *en soupirant.*

Que ce Turc est joli!
Le crois-tu Turc? crois-tu qu'un infidèle
Ait l'air si doux, la figure si belle?
Je crois, pour moi, qu'il se convertira.

COLETTE.

Je crois, pour moi, que, dès qu'on apprendra
Qu'à Bartolin vous êtes mariée,
Votre vertu sera fort décriée :
Ce petit Turc de peu vous servira;
Terriblement Blanford éclatera.

DORFISE.

Va, ne crains rien.

COLETTE.

J'ai dans votre prudence
Depuis long-temps entière confiance :
Mais Bartolin est un brutal jaloux;
Et c'est bien pis, Madame, il est époux.
Le cas est triste; il a peu de semblables.
Ces deux rivaux seraient fort intraitables.

DORFISE.

Je prétends bien les éviter tous deux.
J'aime la paix, c'est l'objet de mes vœux,

ACTE II, SCÈNE IX.

C'est mon devoir; il faut en conscience
Prévoir le mal, fuir toute violence,
Et prévenir le mal qui surviendrait,
Si mon état trop tôt se découvrait.
J'ai des amis, gens de bien, de mérite.

COLETTE.

Prenez conseil d'eux.

DORFISE.

Ah, oui! prenons vite.

COLETTE.

Eh bien, de qui?

DORFISE.

Mais de cet étranger,
De ce petit... là... tu m'y fais songer.

COLETTE.

Lui, des conseils? lui, Madame, à son âge?
Sans barbe encore?

DORFISE.

Il me paraît fort sage;
Et s'il est tel, il le faut écouter.
Les jeunes gens sont bons à consulter;
Il me pourrait procurer des lumières
Qui donneraient du jour à mes affaires.
Et tu sens bien qu'il faut parler d'abord
Au jeune ami du bon monsieur Blanford.

COLETTE.

Oui, lui parler paraît fort nécessaire.

DORFISE, *tendrement et d'un air embarrassé.*

Et comme à table on parle mieux d'affaire,

Conviendrait-il qu'avec discrétion
Il vînt dîner avec moi?
COLETTE.
Tout de bon!
Vous, qui craignez si fort la médisance?
DORFISE, *d'un air fier.*
Je ne crains rien; je fais comme je pense :
Quand on a fait sa réputation,
On est tranquille à l'abri de son nom.
Tout le parti prend en main notre cause,
Crie avec nous.
COLETTE.
Oui, mais le monde cause.
DORFISE.
Eh bien, cédons à ce monde méchant;
Sacrifions un dîner innocent;
N'aiguisons point leur langue libertine.
Je ne veux plus parler au jeune Adine :
Je ne veux point le revoir... Cependant
Que peut-on dire, après tout, d'un enfant?
A la sagesse ajoutons l'apparence,
Le décorum, l'exacte bienséance.
De ma cousine il faut prendre le nom,
Et le prier de sa part...
COLETTE.
Pourquoi non?
C'est très-bien dit; une femme mondaine
N'a rien à perdre : on peut, sans être en peine,
Dessous son nom mettre dix billets doux,
Autant d'amants, autant de rendez-vous.

Quand on la cite, on n'offense personne ;
Nul n'en rougit, et nul ne s'en étonne :
Mais, par hasard, quand les dames de bien
Font une chute, il faut la cacher bien.
DORFISE.
Des chutes! moi! Je n'ai dans cette affaire,
Grâces au Ciel, nul reproche à me faire.
J'ai signé; mais je ne suis point enfin
Absolument madame Bartolin.
On a des droits; et c'est tout : et peut-être
On va bientôt se délivrer d'un maître.
J'ai dans ma tête un dessein très-prudent.
Si ce beau Turc a pour moi du penchant,
C'en est assez; tout ira bien s'il m'aime.
Je suis encor maîtresse de moi-même;
Heureusement je puis tout terminer.
Va-t-en prier ce jeune homme à dîner.
Est-ce un grand mal que d'avoir à sa table
Avec décence un jeune homme estimable,
Un cœur tout neuf, un air frais et vermeil,
Et qui nous peut donner un bon conseil ?
COLETTE.
Un bon conseil! ah! rien n'est plus louable :
Accomplissons cette œuvre charitable.

FIN DU SECOND ACTE.

ACTE TROISIÈME.

SCÈNE I.

DORFISE, COLETTE.

DORFISE.

Est-ce point lui? Que je suis inquiète?
On frappe, il vient. Colette, holà! Colette;
C'est lui, c'est lui.

COLETTE.

      Non, c'est le chevalier,
Que loin d'ici je viens de renvoyer;
Cet étourdi, qui court, saute, semille,
Sort, rentre, va, vient, rit, parle, fretille;
Il veut dîner tête à tête avec vous :
Je l'ai chassé d'un air entre aigre et doux.

DORFISE.

A ma cousine il faut qu'on le renvoie,
Ah! que je hais leur insipide joie!
Que leur babil est un trouble importun!
Chassez-les-moi.

COLETTE.

      Chut, chut, j'entends quelqu'un.

DORFISE.

Ah! c'est mon Grec.

COLETTE.

      Oui, c'est lui, ce me semble.

SCÈNE II.

DORFISE, ADINE.

DORFISE.

Entrez, Monsieur; bonjour, Monsieur... je tremble.
Asseyez-vous...

ADINE.

Je suis tout interdit...
Pardonnez-moi, Madame, on m'avait dit,
Qu'une autre...

DORFISE, *tendrement.*

Eh bien, c'est moi qui suis cette autre.
Rassurez-vous; quelle peur est la vôtre?
Avec Blanford ma cousine aujourd'hui
Dîne dehors : tenez-moi lieu de lui.

(*Elle le fait asseoir.*)

ADINE.

Ah, qui pourrait en tenir lieu, Madame?
Est-il un feu comparable à sa flamme?
Et quel mortel égalerait son cœur
En grandeur d'ame, en amour, en valeur?

DORFISE.

Vous en parlez, mon fils, avec grand zèle;
Votre amitié paraît vive et fidèle :
J'admire en vous un si beau naturel.

ADINE.

C'est un penchant bien doux, mais bien cruel.

DORFISE.

Que dites-vous? La charmante jeunesse
Doit éprouver une honnête tendresse :

Par de saints nœuds il faut qu'on soit lié;
Et la vertu n'est rien sans l'amitié.

ADINE.

Ah! s'il est vrai qu'un naturel sensible
De la vertu soit la marque infaillible,
J'ose vous dire ici sans vanité
Que je me pique un peu de probité.

DORFISE.

Mon bel enfant, je me crois destinée
A cultiver une ame si bien née.
Plus d'une femme a cherché vainement
Un ami tendre, aussi vif que prudent,
Qui possédât les grâces du jeune âge,
Sans en avoir l'empressement volage;
Et je me trompe, à votre air tendre et doux,
Ou tout cela paraît uni dans vous.
Par quel bonheur une telle merveille
Se trouve-t-elle aujourd'hui dans Marseille?

(Elle approche son fauteuil.)

ADINE.

J'étais en Grèce; et le brave Blanford
En ce pays me passa sur son bord.
Je vous l'ai dit deux fois.

DORFISE.

    Une troisième
A mon oreille est un plaisir extrême.
Mais, dites-moi pourquoi ce front charmant
Et si français est coiffé d'un turban?
Seriez-vous Turc?

ADINE.
La Grèce est ma patrie.
DORFISE.
Qui l'aurait cru? la Grèce est en Turquie?
Que votre accent, que ce ton grec est doux!
Que je voudrais parler grec avec vous!
Que vous avez la mine aimable et vive
D'un vrai Français, et sa grâce naïve!
Que la nature entre nous se méprit
Quand par malheur un Grec elle vous fit!
Que je bénis, Monsieur, la Providence
Qui vous a fait aborder en Provence!
ADINE.
Hélas! j'y suis, et c'est pour mon malheur.
DORFISE.
Vous, malheureux!
ADINE.
Je le suis par mon cœur.
DORFISE.
Ah! c'est le cœur qui fait tout dans le monde;
Le bien, le mal, sur le cœur tout se fonde;
Et c'est aussi ce qui fait mon tourment.
Vous avez donc pris quelque engagement?
ADINE.
Eh, oui, Madame. Une femme intrigante
A désolé ma jeunesse imprudente;
Comme son teint, son cœur est plein de fard :
Elle est hardie, et pourtant pleine d'art;
Et j'ai senti d'autant plus ses malices,
Que la vertu sert de masque à ses vices.

Ah! que je souffre! et qu'il me semble dur
Qu'un cœur si faux gouverne un cœur trop pur!

DORFISE.

Voyez la masque! une femme infidèle!
Punissons-la, mon fils : çà, quelle est-elle?
De quel pays? quel est son rang? son nom?

ADINE.

Ah! je ne puis le dire.

DORFISE.

Comment donc!

Vous possédez aussi l'art de vous taire!
Ah! vous avez tous les talents de plaire.
Jeune et discret! je vais, moi, m'expliquer.
Si quelque jour, pour vous bien dépiquer
De la guenon qui fit votre conquête,
On vous offrait une personne honnête,
Riche, estimée, et surtout possédant
Un cœur tout neuf, mais solide et constant,
Tel qu'il en est très-peu dans la Turquie,
Et moins encor, je crois, dans ma patrie;
Que diriez-vous? que vous en semblerait?

ADINE.

Mais... je dirais que l'on me tromperait.

DORFISE.

Ah! c'est trop loin pousser la défiance :
Ayez, mon fils, un peu plus d'assurance.

ADINE.

Pardonnez-moi; mais les cœurs malheureux,
Vous le savez, sont un peu soupçonneux.

DORFISE.

Eh, quels soupçons avez-vous, par exemple,
Quand je vous parle, et que je vous contemple?

ADINE.

J'ai des soupçons que vous avez dessein
De m'éprouver.

DORFISE, *en s'écriant.*

Ah, le petit malin!
Qu'il est rusé sous cet air d'innocence!
C'est l'Amour même au sortir de l'enfance.
Allez-vous en : le danger est trop grand;
Je ne veux plus vous voir absolument.

ADINE.

Vous me chassez; il faut que je vous quitte.

DORFISE.

C'est obéir à mon ordre un peu vite.
Là, revenez. Mon estime est au point,
Que contre vous je ne me fâche point.
N'abusez pas de mon estime extrême.

ADINE.

Vous estimez monsieur Blanford de même :
Estime-t-on deux hommes à-la-fois?

DORFISE.

Oh! non, jamais; et les aimables lois
De la raison, de la tendresse sage,
Font qu'on succède, et non pas qu'on partage.
Vous apprendrez à vivre auprès de moi.

ADINE.

J'apprends beaucoup par tout ce que je voi.

DORFISE.

Lorsque le Ciel, mon fils, forme une belle,
Il faut d'abord un homme exprès pour elle ;
Nous le cherchons long-temps avec raison.
On fait vingt choix avant d'en faire un bon ;
On suit une ombre ; au hasard on s'éprouve ;
Toujours on cherche, et rarement on trouve :
L'instinct secret vole après le vrai bien...

(*Vivement et tendrement.*)

Quand on vous trouve, il ne faut chercher rien.

ADINE.

Si vous saviez ce que j'ai l'honneur d'être,
Vous changeriez d'opinion peut-être.

DORFISE.

Eh! point du tout.

ADINE.

Peu digne de vos soins,
Connu de vous, vous m'estimeriez moins,
Et nous serions attrapés l'un et l'autre.

DORFISE.

Attrapés! vous! quelle idée est la vôtre ?
Mon bel enfant, je prétends... Ah! pourquoi
Venir sitôt m'interrompre ?... Eh, c'est toi!

SCÈNE III.

COLETTE, DORFISE, ADINE.

COLETTE, *avec empressement.*
Très-importune, et très-triste de l'être :
Mais un quidam, plus importun peut-être,
S'en va venir, c'est monsieur Bartolin.

DORFISE.
Le prétendu? je l'attendais demain;
Il m'a trompée, il revient, le barbare!

COLETTE.
Le contre-temps est encor plus bizarre.
Ce chevalier, le roi des étourdis,
Méconnaissant le patron du logis,
Cause avec lui, plaisante, s'évertue,
Et le retient malgré lui dans la rue.

DORFISE.
Tant mieux, ô Ciel!

COLETTE.
   Point, Madame : tant pis,
Car l'indiscret, comme je vous le dis,
Ne sachant pas quel est le personnage,
Crie hautement, lui riant au visage,
Que nul chez vous n'entrera d'aujourd'hui;
Que tout le monde est exclus comme lui;
Que Bartolin n'est rien qu'un trouble-fête,
Et qu'à présent, dans un doux tête-à-tête,
Madame au fond de son appartement,
Loin du grand monde, est vertueusement.

Le Bartolin, que le dépit transporte,
Prétend qu'il va faire enfoncer la porte.
Le chevalier, toujours d'un ton railleur,
Crève de rire, et l'autre de douleur.

DORFISE.

Et moi de crainte. Ah! Colette, que faire?
Où nous fourrer?

ADINE.

Quel est donc ce mystère?

DORFISE.

Ce mystère est que vous êtes perdu,
Que je suis morte. Eh! Colette, où vas-tu?

ADINE.

Que deviendrai-je?

DORFISE, *à Colette.*

Ecoute, toi, demeure.
Quel temps il prend! revenir à cette heure!
  (*A Adine.*)
Dans ce réduit cachez-vous tout le soir;
Vous trouverez un ample manteau noir,
Fourrez-vous-y. Mon Dieu! c'est lui sans doute.

ADINE, *allant dans le cabinet.*

Hélas! voilà ce que l'amour me coûte!

DORFISE.

Ce pauvre enfant, qu'il m'aime!

COLETTE.

Eh! taisez-vous.
On vient; hélas! c'est le futur époux.

SCÈNE IV.

BARTOLIN, DORFISE, COLETTE.

DORFISE, *allant au-devant de Bartolin.*
Mon cher Monsieur, le Ciel vous accompagne!...
Vous revenez bien tard de la campagne!...
Vous m'avez fait un si grand déplaisir,
Que je suis prête à m'en évanouir.
BARTOLIN.
Le chevalier disait tout au contraire...
DORFISE.
Tout ce qu'il dit est faux : je suis sincère;
Il faut me croire : il m'aime à la fureur;
Il est au vif piqué de ma rigueur;
Son vain caquet m'étourdit et m'assomme;
Et je ne veux jamais revoir cet homme.
BARTOLIN.
Mais cependant de bon sens il parlait.
DORFISE.
Ne croyez rien de tout ce qu'il disait.
BARTOLIN.
Soit; mais il faut, pour finir nos affaires,
Prendre en ce lieu les choses nécessaires.
DORFISE, *d'un ton caressant.*
Que faites-vous? arrêtez-vous : holà!
N'entrez donc point dans ce cabinet-là.
BARTOLIN.
Comment? pourquoi?

DORFISE, *après avoir rêvé.*

　　　　　　Du même esprit poussée,
J'ai comme vous eu, mon cher, en pensée...
De mettre ici nos papiers en état...
J'ai fait venir notre vieil avocat...
Nous consultions; une grande faiblesse
L'a pris soudain.

BARTOLIN.

　　　C'est excès de vieillesse.

COLETTE.

On va donner au bon petit vieillard
Un...

BARTOLIN.

　Oui, j'entends.

DORFISE.

　　　　　On l'a mis à l'écart;
De mon sirop il a pris une dose,
Et maintenant je pense qu'il repose.

BARTOLIN.

Il ne repose point; car je l'entends
Qui marche encore, et tousse là-dedans.

COLETTE.

Eh bien, faut-il, lorsqu'un avocat tousse,
L'importuner?

BARTOLIN.

　　　Tout cela me courrouce;
Je veux entrer.

　　　(*Il entre dans le cabinet.*)

ACTE III, SCÈNE IV.

DORFISE.

O Ciel! fais donc si bien
Qu'il cherche tout sans pouvoir trouver rien.
Hélas! qu'entends-je? on s'écrie! il dit : Tue!
Mon avocat est mort, je suis perdue.
Où suis-je? hélas! de quel côté courir?
Dans quel couvent m'aller ensevelir?
Où me noyer?

BARTOLIN, *revenant, et tenant Adine par le bras.*

Ah, ah! notre future,
Vos avocats sont d'aimable figure!
Dans le barreau vous choisissez très-bien.
Venez, venez, notre vieux praticien :
D'ici sans bruit il vous faut disparaître;
Et vous irez plaider par la fenêtre;
Allons, et vite.

DORFISE.

Ecoute-moi; pardon.
Mon cher mari.

ADINE.

Lui, son mari!

BARTOLIN, *à Adine.*

Fripon!
Il faut d'abord commencer ma vengeance
Par l'étriller à ses yeux d'importance.

ADINE.

Hélas! Monsieur, je tombe à vos genoux;
Je ne saurais mériter ce courroux.
Vous me plaindrez si je me fais connaître;
Je ne suis point ce que je peux paraître.

BARTOLIN.

Tu me parais un vaurien, mon ami,
Fort dangereux, et tu seras puni.
Viens çà, viens çà!

ADINE.

Ciel! au secours! à l'aide!
De grâce! hélas!

DORFISE.

La rage le possède.
A mon secours, tous mes voisins!

BARTOLIN.

Tais-toi.

DORFISE, COLETTE, ADINE.

A mon secours!

BARTOLIN, *emmenant Adine.*

Allons, sors de chez moi.

SCÈNE V.

DORFISE, COLETTE.

DORFISE.

Il va tuer ce pauvre enfant, Colette!
En quel état cet accident me jette!
Il me tûra moi-même.

COLETTE.

Le malin
Vous fit signer avec ce Bartolin.

DORFISE, *en criant.*

Ah, l'indigne homme! ah! comment s'en défaire?

Va-t-en chercher, Colette, un commissaire;
Va l'accuser.

COLETTE.

De quoi?

DORFISE.

De tout.

COLETTE.

Fort bien.
Où courez-vous?

DORFISE.

Hélas! je n'en sais rien.

SCÈNE VI.

MADAME BURLET, DORFISE, COLETTE.

MADAME BURLET.

Eh bien, qu'est-ce, cousine?

DORFISE.

Ah, ma cousine!

MADAME BURLET.

Il semblerait que l'on vous assassine,
Ou qu'on vous vole, ou qu'on vous bat un peu...
Ou qu'au logis vous avez mis le feu.
Mon Dieu! quels cris! quel bruit! quel train, ma chère!

DORFISE.

Cousine, hélas! apprenez mon affaire;
Mais gardez-moi le secret pour jamais.

MADAME BURLET, *toujours gaîment et avec vivacité.*

Je n'ai pas l'air de garder des secrets;

Je suis pourtant discrète comme une autre.
Cousine, eh bien! quelle affaire est la vôtre?

DORFISE.

Mon affaire est terrible; c'est d'abord
Que je suis...

MADAME BURLET.

Quoi?

DORFISE.

Fiancée.

MADAME BURLET.

A Blanford?
Eh bien! tant mieux, c'est bien fait; et j'approuve
Cet hymen-là, si le bonheur s'y trouve.
Je veux danser à votre noce.

DORFISE.

Hélas!
Ce Bartolin, qui jure tant là-bas,
Qui de ses cris scandalise le monde,
C'est le futur.

MADAME BURLET.

Eh bien, tant pis! je fronde
Ce mariage avec cet homme-là;
Mais s'il est fait, le public s'y fera.
Est-il mari tout-à-fait?

DORFISE, *d'un ton modeste.*

Pas encore;
C'est un secret que tout le monde ignore :
Notre contrat est dressé dès long-temps.

MADAME BURLET.

Fais-moi casser ce contrat.

ACTE III, SCÈNE VI.

DORFISE.

Les méchants
Vont tous parler. Je suis... je suis outrée :
Ce maudit homme ici m'a rencontrée
Avec un jeune Turc, qui s'enfermait
En tout honneur dedans ce cabinet.

MADAME BURLET.

En tout honneur! là, là, ta prud'hommie
S'est donc enfin quelque peu démentie?

DORFISE.

Oh point du tout! c'est un petit faux pas,
Une faiblesse, et c'est la seule, hélas!

MADAME BURLET.

Bon! une faute est quelquefois utile;
Ce faux pas-là t'adoucira la bile;
Tu seras moins sévère.

DORFISE.

Ah! tirez-moi,
Sévère ou non, du gouffre où je me voi;
Délivrez-moi des langues médisantes,
De Bartolin, de ses mains violentes;
Et délivrez de ces périls pressants
Mon sage ami, qui n'a pas dix-huit ans.

(*En élevant la voix et en pleurant.*)

Ah! voilà l'homme au contrat.

SCÈNE VII.

BARTOLIN, DORFISE, MADAME BURLET.

MADAME BURLET, *à Bartolin.*

Quel vacarme !
Quoi ! pour un rien votre esprit se gendarme ?
Faut-il ainsi sur un petit soupçon
Faire pleurer ses amis ?

BARTOLIN.

Ah ! pardon.
Je l'avoûrai, je suis honteux, Mesdames,
D'avoir conçu de ces soupçons infames ;
Mais l'apparence enfin dut m'alarmer.
En vérité, pouvais-je présumer
Que ce jeune homme, à ma vue abusée,
Fût une fille en garçon déguisée ?

DORFISE, *à part.*

En voici bien d'une autre.

MADAME BURLET.

Tout de bon !
Madame a pris fille pour un garçon ?

BARTOLIN.

La pauvre enfant est encor tout en larmes :
En vérité, j'ai pitié de ses charmes.
Mais pourquoi donc ne me pas avertir
De ce qu'elle est ? pourquoi prendre plaisir
A m'éprouver, à me mettre en colère ?

DORFISE, *à part.*

Oh ! oh ! le drôle a-t-il pu si bien faire,

ACTE III, SCÈNE VII.

Qu'à Bartolin il ait persuadé
Qu'il était fille, et se soit évadé?
Le tour est bon. Mon Dieu, l'enfant aimable!
(*A Bartolin.*)
Que l'amour a d'esprit! Homme haïssable,
Eh bien, méchant, réponds, oseras-tu
Faire un affront encore à la vertu?
La pauvre fille, avec pleine assurance,
Me confiait son aimable innocence;
Madame sait avec combien d'ardeur
Je me chargeais du soin de son honneur.
Il te faudrait une franche coquette,
Je te l'avoue, et je te la souhaite.
J'éclaterai, je me perds, je le sai;
Mais mon contrat sera, ma foi, cassé.

BARTOLIN.

Je sais qu'il faut qu'en cas pareil on crie.
(*A Dorfise.*)
Mais criez donc un peu moins, je vous prie.
(*A madame Burlet.*)
Accordons-nous... Et vous, par charité,
Que tout ceci ne soit point éventé.
J'ai cent raisons pour cacher ce mystère.

DORFISE, *à madame Burlet.*

Vous me sauvez, si vous savez vous taire;
N'en parlez pas au bon monsieur Blanford.

MADAME BURLET.

Moi? volontiers.

BARTOLIN.
Vous m'obligerez fort.

SCÈNE VIII.

DORFISE, MADAME BURLET, BARTOLIN, COLETTE.

COLETTE.
Blanford est là qui dit qu'il faut qu'il monte.
DORFISE.
O contre-temps, qui toujours me démonte !
(*A Bartolin.*)
Laissez-moi seule, allez le recevoir.
BARTOLIN.
Mais...
DORFISE.
Mais après ce que l'on vient de voir,
Après l'éclat d'une telle injustice,
Il vous sied bien de montrer du caprice.
Obéissez, faites-vous cet effort.

SCÈNE IX.

DORFISE, MADAME BURLET.

MADAME BURLET.
En vérité, je me réjouis fort
De voir qu'ainsi la chose soit tournée.
Du prétendu la visière est bornée.
Je m'étonnais, ma cousine, entre nous,
Que ta cervelle eût choisi cet époux ;
Mais ce cas-ci me surprend davantage.
Prendre pour fille un garçon ! à son âge !

Ah! les maris seront toujours bernés,
Jaloux et sots, et conduits par le nez.

DORFISE.

Je n'entends rien, Madame, à ce langage;
Je n'avais pas mérité cet outrage.
Quoi, vous pensez qu'un jeune homme en effet
Se soit caché là, dans ce cabinet?

MADAME BURLET.

Assurément, je le pense, ma chère.

DORFISE.

Quand mon mari vous a dit le contraire?

MADAME BURLET.

Apparemment que ton mari futur
A cru la chose, et n'a pas l'œil bien sûr :
N'avez-vous pas ici conté vous-même
Qu'un beau garçon...

DORFISE.

     L'extravagance extrême!
Qui? moi? jamais; moi, je vous aurais dit...!
A ce point-là j'aurais perdu l'esprit!
Ah! ma cousine, écoutez, prenez garde :
Quand follement la langue se hasarde
A débiter des discours médisants,
Calomnieux, inventés, outrageants,
On s'en repent bien souvent dans la vie.

MADAME BURLET.

Il est bon là! moi, je te calomnie!

DORFISE.

Assurément, et je vous jure ici....

MADAME BURLET.

Ne jure pas.

DORFISE.

Si fait, je jure.

MADAME BURLET.

Eh fi !
Va, mon enfant, de toute cette histoire
Je ne croirai que ce qu'il faudra croire.
Prends un mari, deux même, si tu veux,
Et trompe-les, bien ou mal, tous les deux ;
Fais-moi passer des garçons pour des filles ;
Avec cela gouverne vingt familles,
Et donne-toi pour personne de bien ;
Tiens, tout cela ne m'embarrasse en rien.
J'admire fort ta sagesse profonde :
Tu mets ta gloire à tromper tout le monde :
Je mets la mienne à m'en bien divertir ;
Et, sans tromper, je vis pour mon plaisir.
Adieu, mon cœur ; ma mondaine faiblesse
Baise les mains à ta haute sagesse.

SCÈNE X.

DORFISE, COLETTE.

DORFISE.

La folle va me décrier partout.
Ah ! mon honneur, mon esprit, sont à bout.
A mes dépens les libertins vont rire.
Je vois Dorfise un plastron de satire.

ACTE III, SCÈNE X.

Mon nom, niché dans cent couplets malins,
Aux chansonniers va fournir des refrains.
Monsieur Blanford croira la médisance;
L'autre futur en va prendre vengeance.
Comment plâtrer ce scandale affligeant?
En un seul jour deux époux, un amant!
Ah, que de trouble, et que d'inquiétude!
Qu'il faut souffrir quand on veut être prude!
Et que sans craindre, et sans affecter rien,
Il vaudrait mieux être femme de bien!
Allons; un jour nous tâcherons de l'être.

COLETTE.

Allons; tâchons du moins de le paraître.
C'est bien assez, quand on fait ce qu'on peut.
N'est pas toujours femme de bien qui veut.

FIN DU TROISIÈME ACTE.

ACTE QUATRIÈME.

SCÈNE I.

DORFISE, COLETTE.

DORFISE.

Sans doute on a conjuré ma ruine.
Si je pouvais revoir ce jeune Adine !
Il est si doux, si sage, si discret !
Il me dirait ce qu'on dit, ce qu'on fait :
On pourrait prendre avec lui des mesures
Qui rendraient bien mes affaires plus sûres.
Hélas ! que faire ?

COLETTE.

Eh bien, il le faut voir,
Honnêtement lui parler.

DORFISE.

Vers le soir.
Chère Colette, ah ! s'il se pouvait faire
Qu'un bon succès couronnât ce mystère !
Si je pouvais conserver prudemment
Toute ma gloire, et garder mon amant !
Hélas ! qu'au moins un des deux me demeure.

COLETTE.

Un d'eux suffit.

DORFISE.

　　　　Mais as-tu tout à l'heure
Recommandé qu'ici le chevalier
Avec grand bruit vînt en particulier?

COLETTE.

Il va venir; il est toujours le même,
Et prêt à tout; car il croit qu'il vous aime.

DORFISE.

Il peut m'aider : le sage en ses desseins
Se sert des foux pour aller à ses fins.

SCÈNE II.

DORFISE, LE CHEVALIER MONDOR, COLETTE.

DORFISE.

Venez, venez; j'ai deux mots à vous dire.

LE CHEVALIER MONDOR.

Je suis soumis, Madame, à votre empire,
Votre captif, et votre chevalier.
Faut-il pour vous batailler, ferrailler?
Malgré votre ame à mes desirs revêche,
Me voilà prêt, parlez, je me dépêche.

DORFISE.

Est-il bien vrai que j'ai su vous charmer?
Et m'aimez-vous, là, comme il faut aimer?

LE CHEVALIER MONDOR.

Oui, mais cessez d'être si respectable.
La beauté plaît, mais je la veux traitable.
Trop de vertu sert à faire enrager;
Et mon plaisir c'est de vous corriger.

DORFISE.

Que pensez-vous de notre jeune Adine?

LE CHEVALIER MONDOR.

Moi! rien : je suis rassuré par sa mine.
Hercule et Mars n'ont jamais à trente ans
Pu redouter des Adonis enfants.

DORFISE.

Vous me plaisez par cette confiance;
Vous en aurez la juste récompense.
Peut-être on dit qu'en un secret lien
Je suis entrée : il faut n'en croire rien.
De cent amants lorgnée et fatiguée,
Vous seul enfin vous m'avez subjuguée.

LE CHEVALIER MONDOR.

Je m'en doutais.

DORFISE.

Je veux par de saints nœuds
Vous rendre sage, et, qui plus est, heureux.

LE CHEVALIER MONDOR.

Heureux! allons, c'est assez; la sagesse
Ne me va pas, mais notre bonheur presse.

DORFISE.

D'abord j'exige un service de vous.

LE CHEVALIER MONDOR.

Fort bien, parlez tout franc à votre époux.

DORFISE.

Il faut ce soir, mon très-cher, faire en sorte
Que la cohue aille ailleurs qu'à ma porte;
Que ce Blanford, si fier et si chagrin,
Et ma cousine, et son fat de Darmin,

ACTE IV, SCÈNE II.

Et leurs parents, et leur folle séquelle,
De tout le soir ne troublent ma cervelle.
Puis à minuit un notaire sera
Dans mon alcove, et notre hymen fera :
Vous y viendrez par une fausse porte,
Mais point avant.

LE CHEVALIER MONDOR.

Le plaisir me transporte.
Du sieur Blanford que je me moquerai!
Qu'il sera sot! que je l'atterrerai!
Que de brocards!

DORFISE.

Au moins sous ma fenêtre,
Avant minuit, gardez-vous de paraître.
Allez-vous en, partez, soyez discret.

LE CHEVALIER MONDOR.
Ah, si Blanford savait ce grand secret!

DORFISE.
Mon Dieu! sortez, on pourrait nous surprendre.

LE CHEVALIER MONDOR.
Adieu, ma femme.

DORFISE.
Adieu.

LE CHEVALIER MONDOR.

Je vais attendre
L'heure de voir, par un charmant retour,
La pruderie immolée à l'amour.

SCÈNE III.

DORFISE, COLETTE.

COLETTE.

A vos desseins je ne puis rien comprendre ;
C'est une énigme.

DORFISE.

Eh bien, tu vas l'entendre.
J'ai fait promettre à ce beau chevalier
De taire tout; il va tout publier.
C'en est assez : sa voix me justifie.
Blanford croira que tout est calomnie ;
Il ne verra rien de la vérité :
Ce jour au moins je suis en sûreté ;
Et dès demain, si le succès couronne
Mes bons desseins, je ne craindrai personne.

COLETTE.

Vous m'enchantez, mais vous m'épouvantez ;
Ces piéges-là sont-ils bien ajustés ?
Craignez-vous point de vous laisser surprendre
Dans les filets que vos mains savent tendre ?
Prenez-y garde.

DORFISE.

Hélas ! Colette ! hélas !
Qu'un seul faux pas entraîne de faux pas !
De faute en faute on se fourvoie, on glisse,
On se raccroche, on tombe au précipice ;
La tête tourne ; on ne sait où l'on va.
Mais j'ai toujours le jeune Adine là.
Pour l'obtenir, et pour que tout s'accorde,

Il reste encore à mon arc une corde.
Le chevalier à minuit croit venir;
Mon jeune amant le saura prévenir.
Il faut qu'il vienne à neuf heures, Colette;
Entends-tu bien?

COLETTE.
Vous serez satisfaite.

DORFISE.
On le croit fille, à son air, à son ton,
A son menton doux, lisse et sans coton.
Dis-lui qu'en fille il est bon qu'il s'habille,
Que décemment il s'introduise en fille.

COLETTE.
Puisse le Ciel bénir vos bons desseins!

DORFISE.
Cet enfant-là calmerait mes chagrins :
Mais le grand point, c'est que l'on imagine
Que tout le mal vient de notre cousine;
C'est que Blanford soit par lui convaincu
Qu'Adine ici pour une autre est venu;
Qu'il soit toujours dupe de l'apparence.

COLETTE.
Oh! qu'il est bon à tromper! car il pense
Tout le mal d'elle, et de vous tout le bien.
Il croit tout voir bien clair, et ne voit rien.
J'ai confirmé que c'est notre rieuse
Qui du jeune homme est tombée amoureuse.

DORFISE.
Ah! c'est mentir tant soit peu, j'en convien :
C'est un grand mal; mais il produit un bien.

SCÈNE IV.

BLANFORD, DORFISE.

BLANFORD.

O mœurs! ô temps! corruption maudite!
Elle s'est fait rendre déjà visite
Par cet enfant simple, ingénu, charmant;
Elle voulait en faire son amant;
Elle employait l'art des subtiles trames
De ces filets où l'amour prend les ames.
Hom! la coquette!

DORFISE.

Ecoutez; après tout,
Je ne crois pas qu'elle ait jusques au bout
Osé pousser cette tendre aventure;
Je ne veux point lui faire cette injure;
Il ne faut pas mal penser du prochain;
Mais on était, me semble, en fort bon train.
Vous connaissez nos coquettes de France?

BLANFORD.

Tant!

DORFISE.

Un jeune homme, avec l'air d'innocence,
Paraît à peine, on vous le court partout.

BLANFORD.

Oui, la vertu plaît au vice surtout.
Mais, dites-moi comment vous pouvez faire
Pour supporter gens d'un tel caractère?

ACTE IV, SCÈNE IV.

DORFISE.

Je prends la chose assez patiemment.
Ce n'est pas tout.

BLANFORD.

      Comment donc?

DORFISE.

                      Oh! vraiment,
Vous allez bien apprendre une autre histoire;
Ces étourdis prétendent faire accroire
Qu'en tapinois j'ai, moi, de mon côté,
De cet enfant convoité la beauté.

BLANFORD.

Vous?

DORFISE.

   Moi; l'on dit que je veux le séduire.

BLANFORD.

Je suis charmé; voilà bien de quoi rire.
Qui, vous?

DORFISE.

     Moi-même, et que ce beau garçon...

BLANFORD.

Bien inventé; le tour me semble bon.

DORFISE.

Plus qu'on ne pense : on m'en donne bien d'autres!
Si vous saviez quels malheurs sont les nôtres!
On dit encor que je dois me lier
En mariage au fou de chevalier,
Cette nuit même...

BLANFORD.

Ah! ma chère Dorfise!
Plus contre vous la calomnie aiguise
L'acier tranchant de ses traits empestés,
Et plus mon cœur, épris de vos beautés,
Saura défendre une vertu si pure.

DORFISE.

Vous vous trompez bien fort, je vous le jure.

BLANFORD.

Non; croyez-moi, je m'y connais un peu,
Et j'aurais mis ces quatre doigts au feu,
J'aurais juré qu'aujourd'hui la cousine
Aurait lorgné notre petit Adine.
Pour être honnête il faut de la raison :
Quand on est fou, le cœur n'est jamais bon ;
Et la vertu n'est que le bon sens même.
Je plains Darmin, je l'estime, je l'aime ;
Mais il est fait pour être un peu moqué :
C'est malgré moi qu'il s'était embarqué
Sur un vaisseau si frêle et si fragile.

SCÈNE V.

BLANFORD, DORFISE, DARMIN, MADAME BURLET.

MADAME BURLET.

Quoi! toujours noir, sombre, pêtri de bile,
Moralisant, grondant dans ton dépit
Le genre humain, qui l'ignore, ou s'en rit?
Vertueux fou, finis tes soliloques.
Suis-moi : je viens d'acheter vingt breloques;

J'en ai pour toi. Viens chez le chevalier ;
Il nous attend, il doit nous fêtoyer.
J'ai demandé quelque peu de musique,
Pour dérider ton front mélancolique.
Après cela, te prenant par la main,
Nous danserons jusques au lendemain.
 (*A Dorfise.*)
Tu danseras, madame la sucrée.

DORFISE.

Modérez-vous, cervelle évaporée ;
Un tel propos ne peut me convenir ;
Et de tantôt il faut vous souvenir.

MADAME BURLET.

Bon! laisse-là ton tantôt; tout s'oublie.
Point de mémoire est ma philosophie.

DORFISE, *à Blanford.*

Vous l'entendez, vous voyez si j'ai tort.
Adieu, Monsieur, le scandale est trop fort.
Je me retire.

BLANFORD.

Eh, demeurez, Madame!

DORFISE.

Non : voyez-vous, tout cela perce l'ame.
L'honneur...

MADAME BURLET.

Mon dieu! parle-nous moins d'honneur,
Et sois honnête.
 (*Dorfise sort.*)

LA PRUDE.

DARMIN, *à madame Burlet.*
　　　　　Elle a de la douleur.
L'ami Blanford sait déjà quelque chose.

MADAME BURLET.

Oh, comme il faut que tout le monde cause!
Darmin et moi nous n'en avons dit rien;
Nous nous taisions.

BLANFORD.
　　　　　　Vraiment, je le crois bien.
Oseriez-vous me faire confidence
De tels excès, de telle extravagance?

DARMIN.

Non, ce serait vous navrer de douleur.

MADAME BURLET.

Nous connaissons trop bien ta belle humeur,
Sans en vouloir épaissir les nuages
En te bridant le nez de tes outrages.

BLANFORD.

Mourez de honte, allez, et cachez-vous.

MADAME BURLET.

Comment? pourquoi? Fallait-il, entre nous,
Venir troubler le repos de ta vie,
Couvrir tout haut Dorfise d'infamie,
Et présenter aux railleurs dangereux
De ton affront le plaisir scandaleux?
Tiens; je suis vive, et franche et familière,
Mais je suis bonne, et jamais tracassière.
Je te verrais par ton ami trompé,
Et comme il faut par ta femme dupé,

ACTE IV, SCÈNE V.

Je t'entendrais chansonner par la ville,
J'aurais cent fois chanté ton vaudeville,
Que rien par moi tu n'apprendrais jamais.
J'ai deux grands buts, le plaisir et la paix.
Je fuis, je hais, presque autant que je m'aime,
Les faux rapports, et les vrais tout de même.
Vivons pour nous; va, bien sot est celui
Qui fait son mal des sottises d'autrui.

BLANFORD.

Et ce n'est pas d'autrui, tête légère,
Dont il s'agit, c'est votre propre affaire;
C'est vous.

MADAME BURLET.

Moi?

BLANFORD.

Vous, qui, sans respecter rien
Avez séduit un jeune homme de bien;
Vous, qui voulez mettre encor sur Dorfise
Cette effroyable et honteuse sottise.

MADAME BURLET.

Le trait est bon; je ne m'attendais pas,
Je te l'avoue, à de pareils éclats.
Quoi! c'est donc moi, qui tantôt...

BLANFORD.

Oui, vous-même.

MADAME BURLET.

Avec Adine?...

BLANFORD.

Oui.

MADAME BURLET.
  C'est donc moi qui l'aime?
BLANFORD.
Assurément.
MADAME BURLET.
  Qui dans mon cabinet
L'avais caché?
BLANFORD.
  Certes, le fait est net.
MADAME BURLET.
Fort bien! voilà de très-belles pensées;
Je les admire; elles sont fort sensées.
Ma foi, tu joins, mon cher homme entêté,
Le ridicule avec la probité.
Il me paraît que ta triste cervelle
De don Quichotte a suivi le modèle;
Très-honnête homme, instruit, brave, savant,
Mais dans un point toujours extravagant.
Garde-toi bien de devenir plus sage;
On y perdrait; ce serait grand dommage :
L'extravagance a son mérite. Adieu.
Venez, Darmin.

SCÈNE VI.

BLANFORD, DARMIN.

BLANFORD.
  Non; demeurez, morbleu!
J'ai votre honneur à cœur; et j'en enrage.
Il faut quitter cette fourbe volage,

De ses filets retirer votre foi,
La mépriser, ou bien rompre avec moi.
DARMIN.
Le choix est triste ; et mon cœur vous confesse
Qu'il aime fort son ami, sa maîtresse.
Mais se peut-il que votre esprit chagrin
Juge toujours si mal du cœur humain ?
Voyez-vous pas qu'une femme hardie
Tissut le fil de cette perfidie,
Qu'elle vous trompe, et de son propre affront
Veut à vos yeux flétrir un autre front ?
BLANFORD.
Voyez-vous pas, homme à cervelle creuse,
Qu'une insensée, et fausse, et scandaleuse,
Vous a choisi pour être son plastron ;
Que vous gobez comme un sot l'hameçon ;
Qu'elle veut voir jusqu'où sa tyrannie
Peut s'exercer sur votre plat génie ?
DARMIN.
Tout plat qu'il est, daignez interroger
Le seul témoin par qui l'on peut juger.
J'ai fait venir ici le jeune Adine ;
Il vous dira le fait.
BLANFORD.
Bon, je devine
Que la friponne aura par son caquet
Très-bien sifflé son jeune perroquet.
Qu'il vienne un peu, qu'il vienne me séduire !
Je ne croirai rien de ce qu'il va dire.
Je vois de loin, je vois que vous cherchez,

Avec le jeu de cent ressorts cachés,
A dénigrer, à perdre ma maîtresse,
Pour me donner je ne sais quelle nièce,
Dont vous m'avez tant vanté les attraits;
Mais touchez-là, j'y renonce à jamais.

DARMIN.

Soit; mais je plains votre excès d'imprudence.
D'une perfide essuyer l'inconstance
N'est pas sans doute un cas bien affligeant;
Mais c'est un mal de perdre son argent.
C'est-là le point. Bartolin, ce brave homme,
A-t-il enfin restitué la somme?

BLANFORD.

Que vous importe?

DARMIN.

Ah! pardon, je croyais
Qu'il m'importait : j'ai tort, je me trompais.
Adine vient; pour moi, je me retire;
Par lui du moins tâchez de vous instruire.
Si c'est de lui que vous vous défiez,
Vous avez tort plus que vous ne croyez;
C'est un cœur noble, et vous pourrez connaître
Qu'il n'était pas ce qu'il a pu paraître.

SCÈNE VII.

BLANFORD, ADINE.

BLANFORD.

Ouais! les voilà fortement acharnés
A me vouloir conduire par le nez.

Oh! que Dorfise est bien d'une autre espèce!
Elle se tait, en proie à sa tristesse,
Sans affecter un air trop empressé,
Trop confiant et trop embarrassé :
Elle me fuit, elle est dans sa retraite;
Et c'est ainsi que l'innocence est faite.
Or çà, jeune homme, avec sincérité,
De point en point dites la vérité :
Vous m'êtes cher, et la belle nature
Paraît en vous incorruptible et pure.
Mes vœux ne vont qu'à vous rendre parfait;
N'abusez point de ce penchant secret.
Si vous m'aimez, songez bien, je vous prie,
Qu'il s'agit là du bonheur de ma vie.

ADINE.

Oui, je vous aime; oui, oui, je vous promets
Que je ne veux vous abuser jamais.

BLANFORD.

J'en suis charmé. Mais, dites-moi, de grâce,
Ce qui s'est fait, et tout ce qui se passe.

ADINE.

D'abord Dorfise...

BLANFORD.

Halte-là, mon mignon;
C'est sa cousine; avouez-le-moi.

ADINE.

Non.

BLANFORD.

Eh bien, voyons.

ADINE.
Dorfise à sa toilette
M'a fait venir par la porte secrète.
BLANFORD.
Mais ce n'est pas pour Dorfise.
ADINE.
Si fait.
BLANFORD.
C'est de la part de madame Burlet.
ADINE.
Eh non, Monsieur; je vous dis que Dorfise
S'était pour moi de bienveillance éprise.
BLANFORD.
Petit fripon!
ADINE.
L'excès de ses bontés
Etait tout neuf à mes sens agités.
Un tel amour n'est pas fait pour me plaire.
Je ne sentais qu'une juste colère;
Je m'indignais, Monsieur, avec raison,
Et de sa flamme et de sa trahison;
Et je disais que, si j'étais comme elle,
Assurément je serais plus fidèle.
BLANFORD.
Ah, le pendard! comme on a préparé
De ses discours le poison trop sucré!
Eh bien, après?
ADINE.
Eh bien! son éloquence
Déjà prenait un peu de véhémence.

Soudain, Monsieur, elle jette un grand cri :
On heurte, on entre, et c'était son mari.

BLANFORD.

Son mari? bon! quels sots contes j'écoute!
C'était ce fou de chevalier sans doute.

ADINE.

Oh! non, c'était un véritable époux ;
Car il était bien brutal, bien jaloux :
Il menaçait d'assassiner sa femme ;
Il la nommait fausse, perfide, infame.
Il prétendait me tuer aussi, moi,
Sans que je susse, hélas! trop bien pourquoi.
Il m'a fallu conjurer sa furie,
A deux genoux, de me sauver la vie :
J'en tremble encor de peur.

BLANFORD.

Eh, le poltron!
Et ce mari, voyons quel est son nom?

ADINE.

Oh! je l'ignore.

BLANFORD.

Oh, la bonne imposture!
Çà, peignez-moi, s'il se peut, sa figure.

ADINE.

Mais il me semble, autant que l'a permis
L'horrible effroi qui troublait mes esprits,
Que c'est un homme à fort méchante mine,
Gros, court, basset, nez camard, large échine,
Le dos en voûte, un teint jaune et tanné,
Un sourcil gris, un œil de vrai damné.

BLANFORD.

Le beau portrait! qui puis-je y reconnaître?
Jaune, tanné, gris, gros, court; qui peut-ce être?
En vérité, vous vous moquez de moi.

ADINE.

Eprouvez donc, Monsieur, ma bonne-foi.
Je vous apprends que la même personne
Ce soir chez elle un rendez-vous me donne.

BLANFORD.

Un rendez-vous chez madame Burlet?

ADINE.

Eh! non; jamais ne serez-vous au fait?

BLANFORD.

Quoi, chez Madame?

ADINE.

Oui.

BLANFORD.

Chez elle?

ADINE.

Oui, vous dis-je.

BLANFORD.

Que cette intrigue et m'étonne et m'afflige!
Un rendez-vous? Dorfise, vous, ce soir?

ADINE.

Si vous voulez, vous y pourrez me voir
Ce même soir sous un habit de fille,
Qu'elle m'envoie, et duquel je m'habille.
Par l'huis secret je dois être introduit
Chez cet objet, dont l'amour vous séduit,
Chez cet objet si fidèle et si sage.

BLANFORD.

Ceci commence à me remplir de rage ;
Et j'aperçois d'un ou d'autre côté
Toute l'horreur de la déloyauté.
Ne mens-tu point ?

ADINE.

Mon ame mal connue
Pour vous, Monsieur, se sent trop prévenue
Pour s'écarter de la sincérité.
Votre cœur noble aime la vérité ;
Je l'aime en vous, et je lui suis fidèle.

BLANFORD.

Ah, le flatteur !

ADINE.

Doutez-vous de mon zèle ?

BLANFORD.

Ouf...

SCÈNE VIII.

BLANFORD, ADINE, le chevalier MONDOR.

LE CHEVALIER MONDOR.

Allons donc ; peux-tu faire languir
Nos conviés et l'heure du plaisir ?
Tu n'eus jamais, dans ta mélancolie,
Plus de besoin de bonne compagnie.
Console-toi ; tes affaires vont mal ;
Tu n'es pas fait pour être mon rival.
Je t'ai bien dit que j'aurais la victoire ;
Je l'ai, mon cher, et sans beaucoup de gloire.

BLANFORD.

Que penses-tu m'apprendre ?

LE CHEVALIER MONDOR.

Oh ! presque rien :
Nous épousons ta maîtresse.

BLANFORD.

Ah, fort bien !
Nous le savions.

LE CHEVALIER MONDOR.

Quoi ! tu sais qu'un notaire...

BLANFORD.

Oui, je le sais. Il ne m'importe guère.
Je connais tout le complot. Se peut-il
Qu'on en ait pu si mal ourdir le fil ?

(*Au petit Adine.*)

Ce rendez-vous, quand il serait possible,
Avec le vôtre est tout incompatible.
Ai-je raison ? parle ; en es-tu frappé ?
Tu me trompais, ou l'on t'avait trompé.
Je te crois bon ; ton cœur sans artifice
Est apprenti dans l'école du vice.
Un esprit simple, un cœur neuf et trop bon,
Est un outil dont se sert un fripon.
N'es-tu venu, cruel, que pour me nuire ?

ADINE.

Ah ! c'en est trop ; gardez-vous de détruire,
Par votre humeur et votre vain courroux,
Cette pitié qui parle encor pour vous.
C'est elle seule à présent qui m'arrête ;
N'écoutez rien, faites à votre tête.

ACTE IV, SCÈNE VIII.

Dans vos chagrins noblement affermi,
Soupçonnez bien quiconque est votre ami,
Croyez surtout quiconque vous abuse;
Que votre humeur et m'outrage et m'accuse!
Mais apprenez à respecter un cœur
Qui n'est pour vous ni trompé ni trompeur.

LE CHEVALIER MONDOR.

En tiens-tu, là? le dépit te suffoque;
Jusqu'aux enfants, chacun de toi se moque.
Deviens plus sage; il faut tout oublier
Dans le vin grec où je vais te noyer.
Viens, bel enfant!

SCÈNE IX.

BLANFORD, ADINE.

BLANFORD.

     Demeure encore, Adine :
Tu m'as ému; ta douleur me chagrine.
Je sais que j'ai souvent un peu d'humeur;
Mais tu connais tout le fond de mon cœur.
Il est né juste; il n'est que trop sensible.
Tu vois quel est mon embarras horrible.
Aurais-tu bien le plaisir malfaisant
De t'égayer à croître mon tourment?
Parle-moi vrai, mon fils, je t'en conjure.

ADINE.

Vous êtes bon; mon ame est aussi pure.
Je n'ai jamais connu jusqu'à présent,
Je l'avoûrai, qu'un seul déguisement;

Mais si mon cœur en un point se déguise,
Je ne mens pas sur vous, et sur Dorfise :
Je plains l'amour qui sur vos yeux distraits
Mit dès long-temps un bandeau trop épais;
Et je sens bien que l'amour peut séduire.
Sur tout ceci tâchez de vous instruire;
C'est l'amour seul qui doit tout réparer :
Il vous aveugle, il doit vous éclairer.
(*Elle sort.*)

BLANFORD, *seul.*

Que veut-il dire, et quel est ce mystère?
Il faut, dit-il, que l'amour seul m'éclaire;
Il se déguise, il ne ment point! ma foi,
C'est un complot pour se moquer de moi.
Le chevalier, Darmin, et la cousine,
Et Bartolin, et le petit Adine,
Dorfise enfin, et Colette, et mon cœur,
Le monde entier redouble mon humeur.
Monde maudit, qu'à bon droit je méprise,
Ramas confus de fourbe et de sottise,
S'il faut opter, si dans ce tourbillon
Il faut choisir d'être dupe ou fripon,
Mon choix est fait, je bénis mon partage;
Ciel, rends-moi dupe, et rends-moi juste et sage.

FIN DU QUATRIÈME ACTE.

ACTE CINQUIÈME.

SCÈNE I.

BLANFORD, *seul.*

Que devenir? où sera mon asile?
Tous les chagrins m'arrivent à la file.
Je vais sur mer; un pirate maudit
Livre combat, et mon vaisseau périt;
Je viens sur terre, on me dit qu'une ingrate,
Que j'adorais, est cent fois plus pirate :
Une cassette est mon unique espoir;
Un Bartolin doit la rendre ce soir;
Ce Bartolin promet, remet, diffère :
Serait-ce encore un troisième corsaire?
J'attends Adine, afin de savoir tout;
Il ne vient point. Chacun me pousse à bout;
Chacun me fuit : voilà le fruit peut-être
De cette humeur dont je ne fus pas maître,
Qui me rendait difficile en amis,
Et confiant pour mes seuls ennemis.
S'il est ainsi, j'ai bien tort, je l'avoue;
Bien justement la fortune me joue :
A quoi me sert ma triste probité,
Qu'à mieux sentir que j'ai tout mérité?
Quoi! cet enfant ne vient point?

SCÈNE II.

BLANFORD; MADAME BURLET, *passant sur le théâtre.*

BLANFORD, *l'arrêtant.*
                    Ah! Madame,
Daignez calmer l'orage de mon ame;
Un mot, de grâce, un moment de loisir.
Où courez-vous?
            MADAME BURLET.
                    Souper, me réjouir;
Je suis pressée.
        BLANFORD.
                Ah! j'ai dû vous déplaire;
Mais oubliez votre juste colère;
Pardonnez.
        MADAME BURLET, *en riant.*
                Bon! loin de me courroucer,
J'ai pardonné déjà sans y penser.
        BLANFORD.
Elle est trop bonne. Eh bien, qu'à ma tristesse
Votre humeur gaie un moment s'intéresse.
        MADAME BURLET.
Va, j'ai gaîment pour toi de l'amitié,
Beaucoup d'estime, et beaucoup de pitié.
        BLANFORD.
Vous plaindriez le destin qui m'outrage!
        MADAME BURLET.
Ton destin, oui; ton humeur, davantage.

BLANFORD.
Vous êtes vraie, au moins; la bonne-foi,
Vous le savez, a des charmes pour moi.
Parlez : Darmin n'aurait-il qu'un faux zèle?
Me trompe-t-il? est-il ami fidèle?
MADAME BURLET.
Tiens, Darmin t'aime; et Darmin dans son cœur
A tes vertus avec plus de douceur.
BLANFORD.
Et Bartolin?
MADAME BURLET.
Tu veux que je réponde
De Bartolin, du cœur de tout le monde?
Il est, je pense, un honnête caissier.
Pourquoi de lui veux-tu te défier?
C'est ton ami, c'est l'ami de Dorfise.
BLANFORD.
Dorfise! mais parlez avec franchise;
Se pourrait-il que Dorfise en un jour
Pour un enfant eût trahi tant d'amour?
Et que veut dire encore, en cette affaire,
Ce chevalier qui parle de notaire?
Le bruit public est qu'il va l'épouser.
MADAME BURLET.
Les bruits publics doivent se mépriser.
BLANFORD.
Je sors encore à l'instant de chez elle;
Elle m'a fait serment d'être fidèle.
Elle a pleuré... l'amour et la douleur
Sont dans ses yeux : démentent-ils son cœur?

Est-elle fausse? et notre jeune Adine...
Quoi, vous riez?

MADAME BURLET.

Oui, je ris de ta mine;
Rassure-toi. Va, pour cet enfant-là
Crois que jamais on ne te quittera;
Sois-en très-sûr, la chose est impossible.

BLANFORD.

Ah! vous calmez mon ame trop sensible;
Le chevalier n'en trouble point la paix:
Dorfise m'aime, et je l'aime à jamais.

MADAME BURLET.

A jamais! c'est beaucoup.

BLANFORD.

Mais, si l'on m'aime,
Adine est donc d'une impudence extrême;
Il calomnie; et le petit fripon
A donc le cœur le plus gâté?

MADAME BURLET.

Lui? non.
Il a le cœur charmant, et la nature
A mis dans lui la candeur la plus pure!
Compte sur lui.

BLANFORD.

Quels discours sont-ce là?
Vous vous moquez.

MADAME BURLET.

Je dis vrai.

BLANFORD.

Me voilà

ACTE V, SCÈNE II.

Plus enfoncé dans mon incertitude :
Vous vous jouez de mon inquiétude ;
Vous vous plaisez à déchirer mon cœur..
Dorfise ou lui m'outrage avec noirceur;
Convenez-en : l'un des deux est un traître;
Répondez donc.

MADAME BURLET, *en riant*.

Cela pourrait bien être.

BLANFORD.

S'il est ainsi, vous voyez quels éclats...

MADAME BURLET.

Oh! mais aussi cela peut n'être pas;
Je n'accuse personne.

BLANFORD.

Hom! que j'enrage!

MADAME BURLET.

N'enrage point, sois moins triste et plus sage.
Tiens, veux-tu prendre un parti qui soit sûr?

BLANFORD.

Oui.

MADAME BURLET.

Laisse-là tout ce complot obscur;
Point d'examen, point de tracasserie;
Tourne avec moi tout en plaisanterie :
Prends ton argent chez monsieur Bartolin;
Vis avec nous uniment, sans chagrin.
N'approfondis jamais rien dans la vie,
Et glisse-moi sur la superficie;
Connais le monde, et sais le tolérer :
Pour en jouir, il le faut effleurer.

Tu me traitais de cervelle légère;
Mais souviens-toi que la solide affaire,
La seule ici qu'on doive approfondir,
C'est d'être heureux, et d'avoir du plaisir.

SCÈNE III.

BLANFORD, seul.

Etre heureux! moi! le conseil est utile;
Dirait-on pas que la chose est facile?
Ce n'est qu'un rien, et l'on n'a qu'à vouloir.
Ah! si la chose était en mon pouvoir!
Et pourquoi non? dans quelle gêne extrême
Je me suis mis pour m'outrager moi-même!
Quoi! cet enfant, Darmin, le chevalier,
Par leurs discours auront pu m'effrayer?
Non, non, suivons le conseil que me donne
Cette cousine; elle est folle, mais bonne;
Elle a rendu gloire à la vérité.
Dorfise m'aime; on est en sûreté.
Je ne veux plus rien voir, ni rien entendre.
Par cet Adine on voulait me surprendre,
Pour m'éblouir, et pour me gouverner:
Dans ces filets je ne veux point donner.
Darmin toujours est coiffé de sa nièce:
Que je la hais! mais quelle étrange espèce...
 (*Adine paraît dans le fond du théâtre.*)
Le voici donc ce malheureux enfant
Qui cause ici tant de déchaînement!

On le prendrait, je crois, pour une fille.
Sous ces habits que sa mine est gentille!
Jamais, ma foi, je ne m'étais douté
Qu'il pût avoir cette fleur de beauté!
Il n'a point l'air gêné dans sa parure,
Et son visage est fait pour sa coiffure.

SCÈNE IV.

BLANFORD, ADINE.

ADINE, *en habit de fille.*
Eh bien, Monsieur, je suis tout ajusté,
Et vous saurez bientôt la vérité.

BLANFORD.
Je ne veux plus rien savoir de ma vie :
C'en est assez. Laissez-moi, je vous prie.
J'ai depuis peu changé de sentiment;
Je n'aime point tout ce déguisement.
Ne vous mêlez jamais de cette affaire,
Et reprenez votre habit ordinaire.

ADINE.
Qu'entends-je, hélas! je m'aperçois enfin
Que je ne puis changer votre destin
Ni votre cœur : votre ame inaltérable
Ne connaît point la douleur qui m'accable;
Vous en saurez les funestes effets;
Je me retire. Adieu donc pour jamais.

BLANFORD.
Mais quels accents! d'où viennent tes alarmes?
Il est outré; je vois couler ses larmes.

Que prétend-il? Parlez : quel intérêt
Avez-vous donc à ce qui me déplaît?
ADINE.
Mon intérêt, Monsieur, était le vôtre;
Jusqu'à présent je n'en connus point d'autre :
Je vois quel est tout l'excès de mon tort.
Pour vous servir je faisais un effort;
Mais ce n'est pas le premier.
BLANFORD.
L'innocence
De son maintien, sa modeste assurance,
Son ton, sa voix, son ingénuité,
Me font pencher presque de son côté.
Mais cependant, tu vois, l'heure se passe,
Où ce projet plein de fourbe et d'audace
Devait, dis-tu, sous mes yeux s'accomplir.
ADINE.
Aussi j'entends une porte s'ouvrir.
Voici l'endroit, voici le moment même
Où vous auriez pu savoir qui vous aime.
BLANFORD.
Est-il possible? est-il vrai? juste Dieu!
ADINE, *finement.*
Il me paraît très-possible.
BLANFORD.
En ce lieu
Demeurez donc. Quoi tant de fourberie!
Dorfise! non...
ADINE.
Taisez-vous, je vous prie.

Paix! attendez : j'entends un peu de bruit;
On vient vers nous; j'ai peur, car il fait nuit.

BLANFORD.

N'ayez point peur.

ADINE.

Gardez donc le silence :
Voici quelqu'un sûrement qui s'avance.

SCÈNE V.

(Le théâtre représente une nuit.)

ADINE, BLANFORD, *d'un côté;* DORFISE, *de l'autre, à tâtons.*

DORFISE.

J'entends, je crois, la voix de mon amant.
Qu'il est exact! Ah! quel enfant charmant!

ADINE.

Chut!

DORFISE.

Chut! c'est vous?

ADINE.

Oui, c'est moi dont le zèle
Pour ce que j'aime est à jamais fidèle;
C'est moi qui veux lui prouver, en ce jour,
Qu'il me devait un plus tendre retour.

DORFISE.

Ah! je ne puis en donner un plus tendre :
Pardonnez-moi, si je vous fais attendre;
Mais Bartolin, que je n'attendais pas,
Dans le logis se promène à grands pas.

Il semble encor que quelque jalousie,
Malgré mes soins, troublé sa fantaisie.

ADINE.

Peut-être il craint de voir ici Blanford;
C'est un rival bien dangereux.

DORFISE.

D'accord.
Hélas! mon fils, je me vois bien à plaindre.
Tout-à-la-fois il me faut ici craindre
Monsieur Blanford et mon maudit mari.
Lequel des deux est de moi plus haï?
Mon cœur l'ignore; et, dans mon trouble extrême,
Je ne sais rien, sinon que je vous aime.

ADINE.

Vous haïssez Blanford, là, tout de bon?

DORFISE.

La crainte enfin produit l'aversion.

ADINE, *finement*.

Et l'autre époux?

DORFISE.

A lui rien ne m'engage.

BLANFORD.

Que je voudrais!...

ADINE, *bas, allant vers lui*.

Paix donc!

DORFISE.

En femme sage,
J'ai consulté sur le contrat dressé :
Il est cassable; ah, qu'il sera cassé!
Qu'un autre hymen flatte mon espérance!

ADINE.

Quoi! m'épouser?

DORFISE.

Je veux qu'avec prudence
Secrètement nous partions tous les deux,
Pour éviter un éclat scandaleux;
Et que bientôt, quand d'ici je m'éloigne,
Un lien sûr et bien serré nous joigne,
Un nœud sacré, durable autant que doux.

ADINE.

Durable! allons. Mais de quoi vivrons-nous?

DORFISE.

Vous me charmez par cette prévoyance;
Ce qui me plaît en vous, c'est la prudence.
Apprenez donc que ce guerrier Blanford,
Héros en mer, en affaire un butor,
Quand de Marseille il quitta les pénates
Pour attaquer de Maroc les pirates,
M'a mis en main, très-cordialement,
Son cœur, sa foi, ses bijoux, son argent :
Comme je suis non moins neuve en affaire,
L'autre mari s'en fit dépositaire :
Je vais reprendre et les bijoux et l'or;
Nous en allons aider monsieur Blanford :
C'est un bon homme, il est juste qu'il vive;
Partageons vite, et gardons qu'on nous suive.

ADINE.

Et que dira le monde?

DORFISE.

Ah! ses éclats
M'ont fait trembler lorsque je n'aimais pas :
Je l'ai trop craint; à présent je le brave :
C'est de vous seul que je veux être esclave.

ADINE.

Hélas! de moi?

DORFISE.

Je m'en vais sourdement
Chercher ce coffre à tous deux important.
Attends ici; je revole sur l'heure.

SCÈNE VI.

BLANFORD, ADINE.

ADINE.

Qu'en dites-vous? eh bien! là?

BLANFORD.

Que je meure
S'il fut jamais un tour plus déloyal,
Plus enragé, plus noir, plus infernal ;
Et cependant admirez, jeune Adine,
Comme à jamais dans nos ames domine
Ce vif instinct, ce cri de la vertu,
Qui parle encor dans un cœur corrompu.

ADINE.

Comment?

BLANFORD.
Tu vois que la perfide n'ose
Me voler tout, et me rend quelque chose.
ADINE, *avec un ton ironique.*
Oui, vous devez bien l'en remercier.
N'avez-vous pas encore à confier
Quelque cassette à cette honnête prude?
BLANFORD.
Ah! prends pitié d'une peine si rude;
Ne tourne point le poignard dans mon cœur.
ADINE.
Je ne voulais que le guérir, Monsieur.
Mais à vos yeux est-elle encor jolie?
BLANFORD.
Ah! qu'elle est laide, après sa perfidie!
ADINE.
Si tout ceci peut pour vous prospérer,
De ses filets si je puis vous tirer,
Puis-je espérer qu'en détestant ses vices,
Votre vertu chérira mes services?
BLANFORD.
Aimable enfant, soyez sûr que mon cœur
Croit voir son fils et son libérateur.
Je vous admire; et le Ciel qui m'éclaire
Semble m'offrir mon ange tutélaire.
Ah! de mon bien la moitié, pour le moins,
N'est qu'un vil prix, au-dessous de vos soins.
ADINE.
Vous ne pouvez à présent trop entendre
Quel est le prix auquel je dois prétendre :

Mais votre cœur pourra-t-il refuser
Ce que Darmin viendra vous proposer?

BLANFORD.

Ce que j'entends, semble éclairer mon ame,
Et la percer avec des traits de flamme.
Ah! de quel nom dois-je vous appeler?
Quoi! votre sort ainsi s'est pu voiler?
Quoi! j'aurais pu toujours vous méconnaître?
Et vous seriez ce que vous semblez être?

ADINE, *en riant.*

Qui que je sois, de grâce, taisez-vous;
J'entends Dorfise, elle revient à nous.

DORFISE, *revenant avec la cassette.*

J'ai la cassette. Enfin l'amour propice
A secondé mon petit artifice.
Tiens, mon enfant, prends vite, et détalons.
Tiens-tu bien?

BLANFORD, *à la place d'Adine, qui lui donne
la cassette.*

Oui.

DORFISE.

Le temps nous presse; allons.

SCÈNE VII.

BLANFORD, DORFISE, ADINE, BARTOLIN, *l'épée à la main, dans l'obscurité, courant à Adine.*

BARTOLIN.
Ah! c'en est trop, arrête, arrête, infame!
C'est bien assez de m'enlever ma femme;
Mais pour l'argent!

ADINE, *à Blanford.*
Eh! Monsieur, je me meurs.

BLANFORD, *en se battant d'une main, et remettant la cassette à Adine de l'autre.*
Tiens la cassette.

SCÈNE VIII.

BLANFORD, DORFISE, ADINE, BARTOLIN, DARMIN, MADAME BURLET, COLETTE, LE CHEVALIER MONDOR, *une serviette et une bouteille à la main, des flambeaux.*

MADAME BURLET.
Ah! ah! quelles clameurs!
Dieu me pardonne! on se bat.

LE CHEVALIER MONDOR.
Gare! gare!
Voyons un peu d'où vient ce tintamarre.

ADINE, *à Blanford.*
Hélas! Monsieur, seriez-vous point blessé?

DORFISE, *tout étonnée.*
Ah!

MADAME BURLET.

Qu'est-ce donc, qu'est-ce qui s'est passé?

BLANFORD, *en montrant Bartolin qu'il a désarmé.*

Rien : c'est monsieur, homme à vertu parfaite,
Bon trésorier, grand gardeur de cassette,
Qui me prenait, sans me manquer en rien,
Tout doucement ma maîtresse et mon bien.
Grâce aux vertus de cet enfant aimable,
J'ai découvert ce complot détestable;
Il a remis ma cassette en mes mains.

(*A Bartolin.*)

Va, je te laisse à tes mauvais destins;
Pour dire plus, je te laisse à madame.
Mes chers amis, j'ai démasqué leur ame;
Et ce coquin...

BARTOLIN, *s'en allant.*

Adieu.

LE CHEVALIER MONDOR.

Mon rendez-vous,
Que devient-il?

BLANFORD.

On se moquait de vous.

LE CHEVALIER MONDOR, *à Blanford.*

De vous aussi, m'est avis?

BLANFORD.

De moi-même.
J'en suis encor dans un dépit extrême.

LE CHEVALIER MONDOR.

On te trompait comme un sot.

ACTE V, SCÈNE VIII.

BLANFORD.

Que d'horreur!
O pruderie! ô comble de noirceur!

LE CHEVALIER MONDOR.

Eh! laisse-là toute la pruderie,
Et femme, et tout; viens boire, je te prie;
Je traite ainsi tous les malheurs que j'ai :
Qui boit toujours, n'est jamais affligé.

MADAME BURLET.

Je suis fâchée, entre nous, que Dorfise
Ait pu commettre une telle sottise.
Cela pourra d'abord faire jaser;
Mais tout s'apaise, et tout doit s'apaiser.

DARMIN.

Sortez enfin de votre inquiétude,
Et pour jamais gardez-vous d'une prude.
Savez-vous bien, mon ami, quel enfant
Vous a rendu votre honneur, votre argent,
Vous a tiré du fond du précipice
Où vous plongeait votre aveugle caprice?

BLANFORD, *regardant Adine.*

Mais...

DARMIN.

C'est ma nièce.

BLANFORD.

O Ciel!

DARMIN.

C'est cet objet
Qu'en vain mon zèle à vos vœux proposait,

Quand mon ami, trompé par l'infidèle,
Méprisait tout, haïssait tout pour elle.

BLANFORD.

Quoi! j'outrageais par d'indignes refus
Tant de beautés, de grâces, de vertus!

ADINE.

Vous n'en auriez jamais eu connaissance,
Si ces hasards, mes bontés, ma constance,
N'avaient levé les voiles odieux
Dont une ingrate avait couvert vos yeux.

DARMIN.

Vous devez tout à son amour extrême,
Votre fortune et votre raison même.
Répondez donc : que doit-elle espérer?
Que voulez-vous, en un mot?

BLANFORD, *en se jetant à ses genoux.*

L'adorer.

LE CHEVALIER MONDOR.

Ce changement est doux autant qu'étrange.
Allons, l'enfant, nous gagnons tous au change.

FIN DE LA PRUDE.

TABLE DES PIÈCES

CONTENUES

DANS CE VOLUME.

L'INDISCRET, comédie.................Pag. 1
    Avertissement........................ 3
    A madame la marquise de Prie............... 5
L'ENFANT PRODIGUE, comédie.............. 45
    Extrait de la Préface de l'édition de 1738........ 46
    Variantes de l'Enfant prodigue............... 145
LA PRINCESSE DE NAVARRE, comédie-ballet..... 147
    Avertissement........................ 149
    Prologue de la fête pour le mariage de M. le Dauphin. 153
    Nouveau Prologue de la Princesse de Navarre..... 156
    Divertissement qui terminait le spectacle........ 239
LA PRUDE, comédie...................... 245
    Avertissement........................ 247
    Prologue............................ 249
    Autre Prologue....................... 254

FIN DE LA TABLE.

L.-É. HERHAN, IMPRIMEUR-STÉRÉOTYPE,
RUE TRAÎNÉE, N° 15, PRÈS DE SAINT-EUSTACHE.

www.ingramcontent.com/pod-product-compliance
Lightning Source LLC
Chambersburg PA
CBHW050536170426
43201CB00011B/1443